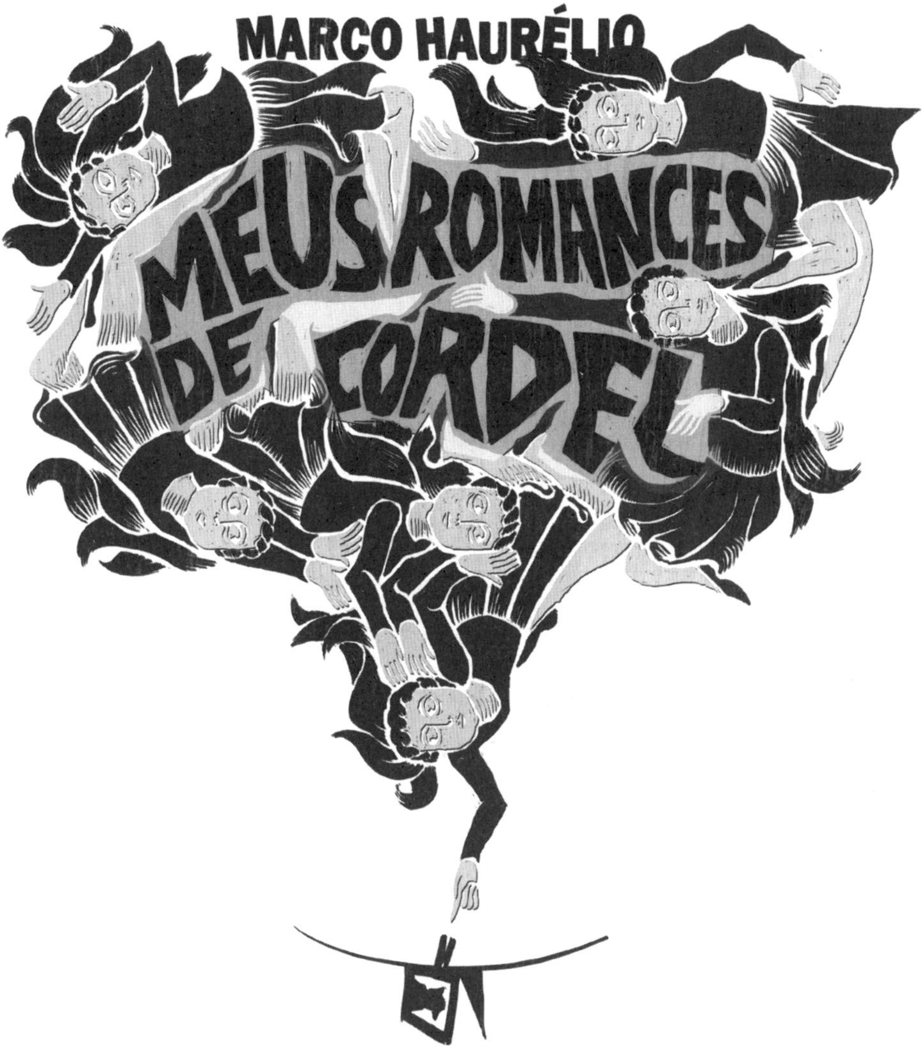
MARCO HAURÉLIO
MEUS ROMANCES DE CORDEL

Apresentação VILMA QUINTELA

Ilustrações LUCIANO TASSO

global
editora

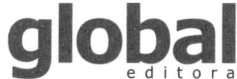

© Marco Haurélio, 2010
1ª Edição, Global Editora, São Paulo 2011
2ª Reimpressão, 2018

Jefferson L. Alves – diretor editorial
Gustavo Henrique Tuna – editor assistente
Flávio Samuel – gerente de produção
Dida Bessana – coordenadora editorial
Tatiana F. Souza – assistente editorial
Tatiana Y. Tanaka – revisão
Luciano Tasso – ilustrações e capa
Reverson R. Diniz – projeto gráfico e editoração eletrônica

Obra atualizada conforme o
NOVO ACORDO ORTOGRÁFICO DA LÍNGUA PORTUGUESA

Dados Internacionais de Catalogação na Publicação (CIP)
(Câmara Brasileira do Livro, SP, Brasil)

Haurélio, Marco
  Meus romances de cordel / Marco Haurélio ; apresentação de Vilma Quintela ; ilustrações Luciano Tasso. – São Paulo : Global, 2011.

  ISBN 978-85-260-1554-8

  1. Folclore 2. Literatura de cordel I. Quintela, Vilma. II. Tasso, Luciano. III. Título.

11-00516   CDD-398.2

Índice para catálogo sistemático:

  1. Literatura de cordel : Folclore   098.2

Direitos Reservados

global editora e distribuidora ltda.
Rua Pirapitingui, 111 – Liberdade
CEP 01508-020 – São Paulo – SP
Tel.: (11) 3277-7999 – Fax: (11) 3277-8141
e-mail: global@globaleditora.com.br
www.globaleditora.com.br

Colabore com a produção científica e cultural.
Proibida a reprodução total ou parcial desta obra
sem a autorização do editor.

Nº de Catálogo: **3242**

A Lucélia, Pedro Ivo, Valdi Fernandes (meu pai),
Maria Fernandes (minha mãe) e Isaulite Fernandes (Tia Lili).
E aos amigos de todas as horas, Pedro Monteiro e João Gomes de Sá.

Sumário

Apresentação – Vilma Quintela   9

O herói da Montanha Negra   23

Presepadas de Chicó e astúcias de João Grilo   59

História de Belisfronte, o filho do pescador   87

A briga do major Ramiro com o Diabo   123

História da Moura Torta   137

Os três conselhos sagrados   157

Galopando o cavalo Pensamento   185

Sobre o autor e o ilustrador   192

Apresentação

Conheci Marco Haurélio há cinco anos, no Encontro Internacional de Literatura de Cordel, realizado na Paraíba, em setembro de 2005. Nesse evento emblemático, que reuniu diversas personalidades, entre pesquisadores, cantadores e autores do cordel, estiveram também presentes, ao lado de veteranos como o paraibano José Costa Leite, alguns dos que integram a nova geração de poetas-editores, contemporaneamente, em grande parte, responsável pela continuidade dessa tradição. Nesse contexto, em meio a estudantes e professores universitários do Brasil e do exterior, o então estreante Marco Haurélio divulgava o folheto *A idade do diabo*, de sua autoria, lançado em edição experimental pela editora Luzeiro, de São Paulo, onde o autor começava a desenvolver seus primeiros trabalhos na área editorial do cordel.

Naquela época, o baiano Marco Haurélio ainda não havia surgido nacionalmente como autor, o que se dá a partir de sua atuação na editora paulistana. Ainda desconhecido do público, ele assumia o departamento editorial da Luzeiro, uma das mais importantes editoras da história do cordel nordestino, a mais antiga em funcionamento especializada no gênero. Nos anos seguintes, Marco Haurélio se tornaria um dos mais expressivos autores da nova geração. Isso se dava em um momento em que diversas iniciativas editoriais voltadas à produção do cordel prosperavam no Nordeste. Dentre essas, destacava-se o projeto do poeta, cartunista e editor Klévisson Viana, da Tupynanquim Editora, de Fortaleza, que se tornava referência no Brasil e no exterior. Essa concorrência salutar, estabelecida com a atividade de novos interlocutores na cena editorial da literatura de cordel, favorecia o aparecimento de poetas de valor como Marco Haurélio e os poetas que se reuniram em torno da editora cearense.

Seguindo uma trajetória semelhante à de seus predecessores mais expressivos, Marco Haurélio se inicia poeticamente ainda na infância, no sertão da Bahia, a partir de uma convivência familiar com o cordel e com a tradição oral aí presente. Já adulto, ele migra para a capital paulista, onde encontra as condições necessárias para se lançar como autor. No passado, poetas como Leandro Gomes de Barros, Chagas Batista e João Martins de Athayde, entre outros, encontraram essas condições ao se deslocarem da zona sertaneja, entre os estados de Pernambuco e da Paraíba, onde nasceram, para as capitais ou arredores das capitais desses mesmos estados, focos iniciais da literatura de cordel brasileira. Lá, passaram a imprimir seus cordéis por conta própria, estabelecendo-se como produtores autônomos. Embora não tenha trilhado esse mesmo caminho, Marco Haurélio também tem se destacado no campo editorial do cordel, seguindo assim o exemplo dos autores mais expressivos dessa tradição. Entre 2005 e 2007, época em que surgem seus primeiros romances pela Luzeiro, ele ocupou uma posição de prestígio na editora, ficando a seu encargo a seleção dos textos publicáveis. Curiosamente, essa atividade, que demanda grande conhecimento de causa, foi exercida, durante muitos anos, pelo paraibano Manoel D'Almeida Filho, outro expoente da escola tradicional, cuja obra tem servido de referência para o autor.

Com pouco mais de meia década de atuação efetiva na área da literatura popular, Marco Haurélio já se insere na tradição do cordel como um dos autores de maior expressividade no contexto da produção contemporânea. Para tanto, em verdade, ele precisou de bem mais que alguns anos de trabalho no campo da edição popular. Contou decisivamente para a sua qualificação como autor, uma rica formação cultural, oral e livresca, que se inicia ainda na infância passada no sertão da Bahia. Lá, ele recebeu da avó Luzia Josefina grande parte do seu repertório narrativo e escreveu, precocemente, aos seis anos de idade, seu primeiro cordel. Já seu primeiro cordel publicado, escrito em parceria com Costa Senna, surgiria apenas em 2002, cinco anos após Marco Haurélio mudar para São Paulo, em 1997. Dez anos antes, aos treze, ele já havia produzido o que considera o seu primeiro romance publicável, *O herói da Montanha Negra*, escrito em 1987. O romance seria rejeitado em 1989 pelo então editor proprietário da Luzeiro, Arlindo Pinto de Souza, que alegara dificuldade financeira para lançar a grande quantidade de originais acumulada no prelo. Esse romance, que abre esta coletânea, seria publicado, a primeira vez, somente em 2006, pela mesma editora, então sob a direção de Gregório Nicoló.

Marco Haurélio, cuja produção apenas se inicia, pode ser considerado um dos mais promissores autores de romances de cordel de sua geração. Nesse setor, ele segue os passos de mestres como Leandro Gomes de Barros, José Camelo, Manoel D'Almeida Filho e Minelvino Francisco Silva, entre outros expoentes da escola tradicional que lhe servem de paradigma. Predominam em seu romanceiro histórias de encantamento atualizadas por influências diversas recebidas pelo autor ao longo de sua trajetória. Parte desses romances, publicados pela Luzeiro individualmente em folhetos de cordel, aparecem agora com o selo da Global Editora, reunidos pela primeira vez em uma antologia.

Esta edição, produzida em um período de maturidade criadora do autor, reúne, pois, sete dos melhores trabalhos de sua lavra. Dentre esses, encontram-se cinco romances de cordel e duas composições mais curtas, inspiradas em modalidades tradicionais da cantoria. São elas: *A briga do major Ramiro com o diabo* e *Galopando o cavalo Pensamento*, publicadas, respectivamente, pela editora Luzeiro, em 2006, e pela Tupynanquim, em 2007. *A briga do major Ramiro com o diabo* é o relato jocoso de um caso típico do anedotário sertanejo, estruturado em um formato que lembra o das pelejas imaginárias entre personagens célebres e o diabo. Nessa modalidade, figuram a *Peleja de Manoel Riachão com o diabo*, um clássico de Leandro Gomes de Barros, e *A luta de Zé do Caixão com o diabo*, de Manoel D'Almeida Filho. Nesses cordéis, o lendário cantador e a conhecida personagem cinematográfica protagonizam um embate com Satanás à moda do desafio sertanejo.

Já o poema "Galopando o cavalo Pensamento", lançado, originalmente, em folheto de oito páginas, traz a estrutura do *martelo agalopado*, forma clássica da cantoria sertaneja, das mais prestigiadas entre os cantadores nordestinos. A escolha desse poema para encerrar a coletânea não deixa dúvidas sobre a filiação do autor à escola tradicional do cordel, que manteve, desde o princípio, forte ligação com a cantoria sertaneja. O poema é composto por décimas decassílabas, cujos versos apresentam tônica na terceira, na sexta e na décima silaba poética, reproduzindo assim um andamento que se assemelha ao galope do cavalo. Nesse ritmo, o poeta percorre referências históricas, bíblicas, mitológicas e literárias que alimentam seu imaginário criador, começando com a seguinte estrofe:

> Em viagem ao mundo da ideia
> Cruzei ares e mares tenebrosos,
> Combatendo os seres pavorosos
> Desta louca/sagrada epopeia.
> Bem nutrido do leite de Amalteia
> Eu voei com Eolo, o deus do vento,
> Enfrentando Netuno, algoz cruento,
> E a teia inquebrável do destino;
> Com Jasão alcancei o velocino,
> *Galopando o cavalo Pensamento.*
> (...)

Muitas das referências eruditas aí presentes, relativas à mitologia ocidental, remetem ao conteúdo eclético dos dicionários mitológicos, almanaques e manuais enciclopédicos usados como fonte de conhecimento pelos antigos cantadores. Essa sabedoria livresca, no caso de Marco Haurélio, decorrente também de outras fontes, ainda hoje é conhecida no meio como a ciência da cantoria. Tradicionalmente, ela aparece na poesia solada como um índice da erudição do cantador, e no "cantar ao desafio", muitas vezes, como um recurso usado pelo glosador instruído para superar seu desafiante. A referência à mitologia greco-romana, por exemplo, é comum nas antigas representações de desafios atribuídos a cantadores lendários, como Francisco Romano Caluête, originário da Serra do Teixeira, reduto da cantoria sertaneja no século XIX. É antológico o debate entre Romano, pequeno proprietário dotado de certa instrução, e o genial Inácio da Catingueira, cantador iletrado de origem africana, morto cativo no fim do período escravocrata. De acordo com a versão atribuída ao glosador Hugolino do Teixeira, Romano tenta vencer o habilidoso Inácio, desafiando-o a glosar sobre conhecimentos de mitologia. Em certo ponto do desafio, Catingueira provoca Romano, usando as tradicionais sextilhas:

> Eu bem sei que seu Romano
> Está na fama dos anéis;
> Canta um ano, canta dois,
> Canta seis, sete, oito e dez;
> Mas o nó que der com as mãos
> Eu desato com os pés.

Ao que responde Romano com o enigma:

> Latona, Cibele, Reia,
> Iris, Vulcano e Netuno,
> Minerva, Diana, Juno,
> Anfitrite, Androceia,
> Vênus, Climene, Amalteia,
> Plutão, Mercúrio, Teseu,
> Júpiter, Zoilo, Perseu,
> Apolo, Ceres, Pandora;
> Inácio, desata agora
> O nó que Romano deu!

Contrafeito por seu adversário ter recorrido à ciência dos almanaques, que ele desconhecia, Inácio encerra o desafio:

> Seu Romano, desse jeito
> Eu não posso acompanhá-lo;
> Se desse um nó em Martelo,
> Viria eu desatá-lo;
> Mas como foi em Ciência,
> Cante só que eu me calo.[1]

---

[1] Cf. RODRIGUES DE CARVALHO. *Cancioneiro do Norte*. 3ª ed. Rio de Janeiro: Instituto Nacional do Livro, 1967 (princeps, 1903), p. 249.

Dentre as formas da cantoria, a sextilha, a mais usada na literatura de cordel, é também a forma privilegiada no romance. Como um seguidor declarado da escola de Leandro, Marco Haurélio dedica atenção especial a essa modalidade. No ponto em que se encontra a sua produção, pode-se dizer que sobressai, no seu repertório, o romance de aventura e encantamento, um dos filões também muito explorados por poetas como Manoel D'Almeida Filho, Severino Borges e Minelvino Francisco Silva, entre outros expoentes da escola tradicional. Quatro dos cinco romances aqui apresentados situam-se nessa categoria. No primeiro destes, *O herói da Montanha Negra*, o autor articula elementos remanescentes da narrativa de aventura medieval, do gênero capa e espada, com motivos do conto oral tradicional, enriquecendo a narrativa com referências à mitologia grega. O enredo traz a história de um jovem aventureiro que, munido apenas de sua espada, enfrenta diversos obstáculos, naturais e sobrenaturais, para resgatar a princesa enclausurada. No romance, os nomes Glauco e Climene, atribuídos ao herói e à princesa, remetem residual e casualmente à mitologia grega, já que o enredo traz a estrutura e os motivos narrativos característicos do conto fantástico-maravilhoso tradicional, com análogos em coleções eruditas portuguesas e brasileiras. A referência à mitologia grega, nesse caso, vem a enriquecer o enredo de aventuras, chegando este ao clímax em passagens como a da travessia do riacho Eterno pelo herói, que lembra a travessia do Aqueronte por heróis mitológicos como Hércules e Orfeu. No trecho a seguir Glauco derrota o mastim, associado, pelo narrador, ao cão Cérbero, guardião do Hades:

(...)
Naquela triste montanha
Nascia o riacho Eterno,
Que descia numa gruta
E desaguava no Inferno,
Com suas águas ferventes
Que percorriam o Averno.

Glauco se aproximou
Do rio amaldiçoado

E subiu na frágil ponte
Pra chegar do outro lado,
Ansioso pra enfrentar
O monstro endemoninhado.

Essa ponte o conduziu
A uma caverna escura –
Nela o moço penetrou
Através duma abertura,
Mas lá dentro o esperava
Uma estranha criatura.

Esse ser era um mastim
Com cauda de escorpião,
Escamas por todo o corpo
E as garras de leão,
Mais horroroso que Cérbero,
O tartáreo guardião.
(...)

Encontramos ainda, entre os romances de aventura e encantamento reunidos nesta coletânea, a *História de Belisfronte, o filho do pescador*, que, como os demais, também poderíamos inserir na categoria do *maravilhoso* e do *fantástico*, tomando como referência a classificação temática do cordel, de Ariano Suassuna.[2] Esse romance tem como núcleo narrativo uma versão masculina do mito de Eros e Psiquê, na qual se articulam outros motivos recorrentes no repertório tradicional nordestino. Estes aparecem, por exemplo, em uma história intitulada "O Bicho Manjaléu", que integra a coleção de contos orais reunidos por Sílvio Romero no fim do século XIX.[3] Nesse conto, semelhantemente ao que ocorre na

---

2 SUASSUNA, Ariano (int.). *Literatura popular em verso. Antologia.* Tomo III. Rio de Janeiro: Fundação Casa de Rui Barbosa; João Pessoa: UFPB, 1977.
3 Ver ROMERO, Silvio. *Contos populares do Brazil.* Lisboa: Nova Livraria Internacional, 1885. Disponível em cópia digital em: http://www.scribd.com/doc/34140504/Silvio-Romero-Contos-populares-do-Brasil.

história de Belisfronte, o herói consegue resgatar a princesa após desvendar o segredo da imortalidade do monstro que a mantém cativa, e, assim, destruí-lo com a intervenção de seres sobrenaturais que vêm ao seu auxílio. No romance de Marco Haurélio, o Bicho Manjaléu dá lugar a um rei tirano, que, como aquele, não será derrotado pela força do herói, mas pela sua sabedoria. Na sequência, é narrado o reencontro de Belisfronte com a princesa enclausurada, a quem caberá desvendar o segredo da imortalidade do monarca:

> Mesmo que o momento fosse
> De grande felicidade,
> O moço recobrou logo
> A sua serenidade,
> E disse para a amada,
> Com muita tranqüilidade:
>
> – Oh, Bela, eu sei que esse rei
> Esconde um grande segredo.
> E tu irás descobri-lo,
> *Mais tardar*, amanhã cedo,
> Pois só assim poderei
> Livrar-te deste degredo.
> (...)

No romance de Belisfronte, encontramos ainda, com algumas variações, as sequências narrativas, presentes na história do Bicho Manjaléu, em que seres da natureza, personificados em reis dos animais, vêm ao auxílio do herói em momentos críticos de sua jornada. Como o anterior, esse motivo é recorrente no repertório tradicional nordestino, podendo, ambos, ser encontrados, com variações, por exemplo, no romance *O monstro sem alma*, cordel da autoria de João Firmino Cabral, também publicado pela editora Luzeiro. os dois outros romances de aventura e encantamento que integram a coletânea são a *História da Moura Torta* e *Os três conselhos sagrados*, ambos, da mesma forma que os demais, elaborados a partir de elementos do conto tradicional. O primeiro tem como principais células narrativas o motivo das três frutas que viram jovens casadouras e o da noiva impostora chamada, em algumas versões, "moura torta". Esses motivos tradicionais compõem contos análogos presentes em diferentes coleções de língua portuguesa. Em duas dessas, eles figuram em contos intitulados, respectivamente, *As três cidras do amor* e *A Moura Torta*. O primeiro desses, localizado no Porto, integra a coleção de contos tradicionais portugueses de Teófilo Braga, surgida em volume em 1883.[4] Já o segundo, colhido em Pernambuco, integra a coletânea intitulada *Contos populares do Brasil*, de Sílvio Romero, publicada dois anos depois.[5] No romance de Marco Haurélio, esses núcleos narrativos são articulados ao motivo bíblico do filho pródigo, que se desdobra na sequência em que os três irmãos, cada um em seu tempo, deixam a casa do pai para conquistar o mundo. No romance de Marco Haurélio ressalta ainda certo lirismo popular característico da quadrinha tradicional, este também presente na versão portuguesa do conto. Esse aspecto pode ser contemplado, especialmente, na passagem em que se dá a aparição e a fala da princesa, transformada em pomba pelo feitiço da Moura Torta:

(...)
Ao ver o servo real,
A linda ave lhe exorta:
– Hortaleiro, hortaleiro,
Hortaleiro desta horta,
Como é que vai o rei
Vivendo com a Moura Torta?

Mesmo surpreso, o homem
À ave foi respondendo:
– O nosso bom soberano
Segue comendo e bebendo.
Disse ela: – Triste de mim,
Que só vivo padecendo!

---

4   Ver BRAGA, T.. *Contos tradicionaes do povo portuguez: com um estudo sobre a novellistica geral e notas comparativas*. Porto: Livraria Universal, 1883. Cópia digitalizada disponível em: http://purl.pt/230/3/l-81262-p/l-81262-p_item3/index.html.

5   Ver ROMERO, obra citada.

> Dizendo isto, voou
> Sumindo no infinito,
> Enquanto o pobre hortaleiro
> Foi até o rei, aflito,
> E contou ao pé da letra
> O que a pomba tinha dito.
> (...)

No romance *Os três conselhos sagrados*, o quarto da categoria "aventura e encantamento" reunido na coletânea, encontramos o desenvolvimento de outro conto tradicional com equivalentes nas coleções portuguesas. Na coletânea de Teófilo Braga, aparece uma versão da história intitulada *Os três conselhos*, que traz os mesmos motivos presentes no romance com algumas modificações.[6] Trata-se da história do camponês que recebe três conselhos em vez de dinheiro como pagamento pelos anos de servidão. No romance de Marco Haurélio, a narrativa é adaptada à realidade brasileira, sendo o protagonista um retirante da seca que busca em São Paulo recursos para a sobrevivência da família. Segue um trecho inicial do romance:

> (...)
> Descreverei neste enredo
> O drama de um retirante
> Que deixou sua família
> Devido à seca incessante,
> Indo procurar recurso
> Em uma terra distante.
>
> Esta história aconteceu
> Num tempo bem recuado,
> Quando o Nordeste se achou
> Pela seca maltratado,
> O que forçou as pessoas
> A migrar para outro estado.

---

6   Ver BRAGA, obra cit..

> Foi em Bom Jesus dos Meira,
> No interior da Bahia,
> Que o senhor Sebastião
> Com sua esposa vivia –
> A sua sobrevivência
> Ele na roça colhia.
>
> Mas aquele foi um ano
> De um verão escabroso,
> O Norte foi atingido
> Por um calor horroroso,
> E a Morte correu a terra,
> Num furor impiedoso.
> (...)

Colhido pelo autor na região de Brumado, semi-árido baiano, o conto oral que lhe serve de base integra o repertório tradicional nordestino, embora não conste nas coleções brasileiras aqui mencionadas. O motivo gerador dessa história figura em dois cordéis de Manoel D'Almeida Filho, *Os conselhos do destino* e *Os três conselhos da sorte*, publicados, respectivamente, nas décadas de 1950 e 1980, pela editora Luzeiro (Prelúdio). Nas versões de Manoel D'Almeida, ao contrário do que se observa no cordel de Marco Haurélio, esse motivo se desdobra em um romance ambientado no universo sobrenatural do maravilhoso-fantástico.

Feito esse rápido percurso, da trajetória biográfica do autor à sua obra, tendo como ponto de chegada a coletânea *Meus romances de cordel*, do já agora veterano Marco Haurélio, podemos concluir estas palavras iniciais ressaltando a importância desta publicação para o enriquecimento e a renovação do romanceiro popular tradicional. Felizmente, esta iniciativa editorial soma-se a outras sob a responsabilidade de poetas contemporâneos de valor que, com o autor, dão continuidade ao projeto iniciado pela geração de Leandro. Agora reunidos em livro, os cordéis de Marco Haurélio tornam-se mais acessíveis ao público em geral e, especialmente, ao público estudantil que terá, com esta coleção, uma boa amostra do que há de melhor nessa tradição poética centenária.

Vilma Mota Quintela[7]
Novembro de 2010.

---

7 A autora é doutora em Letras pela UFBA, com estágio doutoral na Universidade de Paris X, e mestre em Teoria Literária pela Unicamp, tendo defendido dissertação e tese na área da literatura de cordel. Com diversos artigos publicados sobre o assunto em revistas especializadas, a autora, atualmente, dá continuidade à pesquisa iniciada na década de 1990, em Aracaju, ainda no âmbito de sua graduação. Nessa época, a autora travou uma relação de admiração e amizade com o poeta Manoel D'Almeida Filho, expoente da escola tradicional do cordel, morto em 1995, que lhe forneceu um testemunho decisivo ao desenvolvimento de sua produção intelectual.

O herói da Montanha Negra

O herói da Montanha Negra foi escrito em 1987. Foi o primeiro texto em cordel que escrevi e considerei publicável. Guardo, com muito carinho, os originais, que trazem alguns desenhos também meus. A inspiração? Mitos da Grécia Antiga, a HQ *A Espada Selvagem de Conan* e filmes do gênero *sword and sorcery* ("espada e bruxaria"). Em 1989, enviei o texto datilografado à editora Luzeiro, de São Paulo. Poucas semanas depois, recebi de volta o texto, acompanhado de uma carta do então diretor da editora, Arlindo Pinto de Souza, em que lamentava não poder publicá-lo devido à grande quantidade de originais no prelo. Em 2005, a convite de Gregório Nicoló, novo proprietário da Luzeiro, assumi o departamento editorial. No início de 2006, saiu a primeira edição do cordel, com capa em policromia. Em 2009, veio a segunda edição, com capa assinada por Klévisson Viana.

O herói da Montanha Negra

Leia esta história, leitor,
Até o último momento.
Veja os fatos mitológicos
Num mundo de encantamento,
Onde a Magia é descrita
Muito além do pensamento.

Onde guerreiros valentes,
Destros e admiráveis
Mostram valor enfrentando
Criaturas miseráveis,
Partindo em busca do amor
E façanhas memoráveis.

E onde os gestos mais nobres
Se fundem com a loucura,
Em uma época imprecisa
Passou-se esta aventura
Que valoriza a coragem
E enobrece a bravura.

Um guerreiro valoroso
Na velha Hélade viveu,
Duma bravura imensa
Que o assemelha a Perseu.
Neste romance eu descrevo
O que com ele ocorreu.

Era um jovem audacioso,
Ilustre e respeitado,
Que, em busca de aventuras,
Corria todo o reinado,
Com uma espada já velha,
O seu único legado.

Glauco era o tal rapaz,
Corajoso e destemido.
Com o seu espadagão
De tamanho desmedido,
Resolveu seguir viagem
Pelo mundo, prevenido.

O rei daquele país
Estava em pânico geral:
Um monstro tinha invadido
O palácio imperial
E levado sua filha,
De beleza sem igual.

O monarca anunciou
A todo homem valente:
Quem salvasse a princesa
Desse monstro inconsequente,
Teria a ela e o seu trono
Pra governar toda gente.

Foi assim que começou
A maior calamidade:
Todos queriam salvar
A filha da Majestade.
Provocando no reinado
Uma enorme mortandade.

Os imprudentes guerreiros
Iam à busca da princesa
Na horrenda Montanha Negra,
Onde a jovem estava presa,
Porém todos pereciam
Sem executar a empresa.

O rei, já desesperado,
Não sabia o que fazer.
Quem fosse atrás da princesa
Na certa iria morrer.
Notou que era impossível
A esse monstro vencer.

Assim, correu a notícia
Por todo aquele reinado:
Quem salvasse a princesinha
Seria recompensado.
Mas ninguém lograva êxito
Contra esse monstro malvado.

O mistério desse monstro
Ninguém ali conhecia;
E quem ousasse enfrentá-lo,
Para contar não vivia.
Por esse justo motivo
O povo todo o temia.

Mas vamos falar de Glauco,
Que saiu peregrinando,
Procurando algum recurso,
Pelo mundo viajando,
Com sua espada na cinta,
Pelo perigo esperando.

Depois de um mês de viagem,
Alcançou a capital,
Quando ouviu alguém dizer
Que Sua Alteza Real
Pedia o auxílio dos bravos
Para combater o mal.

O rapaz se interessou
E chamou o tal sujeito,
Foi dizendo: – Meu amigo,
Conte essa história direito.
O homem deixou-lhe a par
Do que o monstro havia feito.

O moço aterrorizado
Não queria acreditar.
O homem disse: – Meu caro,
Tens razão de duvidar.
É uma história tão triste,
Que tremo só de pensar!

Disse Glauco: – Meu bom homem,
Vi em ti sinceridade,
Foi à busca de aventuras
Que vim a esta cidade.
O homem disse: – Então vai
Falar com a Majestade.

– Onde é que mora esse rei?
O rapaz foi perguntando.
O sujeito disse: – Ali.
Já com a mão apontando.
Em direção ao palácio
O moço foi se botando.

Quando chegou ao palácio,
Viu três guardas no portão.
Glauco pediu para entrar;
Um deles respondeu: – Não!
Saia daqui, indigente,
Sujeito sem posição!

O rapaz estava irado,
Porém disse: – Meu amigo,
Deixa-me entrar agora,
Eu não sou teu inimigo.
O guarda lhe respondeu:
– Aqui não entra mendigo!

Glauco, já indignado,
Agarrou-o pelo pescoço,
Disse: – Quem se aproximar,
Acabo com esse moço.
E o rei, sentado no trono,
Ouviu o grande alvoroço.

Ele queria saber
O porquê da confusão.
Levantou-se de seu trono
E veio até o portão.
Lá chegando, viu o moço
Brigando feito um leão.

Quando o rei viu o rapaz
Num combate encarniçado
Com a sua guarnição,
E nem um pouco assustado,
Sentiu que ele poderia
Vencer o monstro malvado.

O rei levantou o braço,
Aí, a luta acabou;
Os guardas se retiraram,
Somente o moço ficou.
O rei chamou-o para dentro
E ele, humilde, aceitou.

Disse o moço: – Majestade,
Eu não tinha a intenção.
Mas seus guardas me ofenderam
Pela minha condição.
Sou pobre, mas não me curvo
Diante de um batalhão.

O rei, então, perguntou-lhe
O nome, a classe e a idade.
O rapaz respondeu tudo
Com grande sinceridade,
Porque a força não era
Sua única habilidade.

Disse o monarca: – Bom Glauco,
Tu és um bravo rapaz,
Mas eu peço que me digas
A causa que aqui o traz,
Pois de enfrentar o perigo
Já mostraste ser capaz.

Disse Glauco: – Majestade,
Eu marcho em busca da glória,
Não ignoro a derrota,
Mas não desprezo a vitória.
E, ao chegar nesta cidade,
Ouvi uma triste história...

Sobre um terrível monstro
Que a sua filha roubou.
No início, duvidei
Da pessoa que contou,
Porém, pretendo salvá-la,
E pra isso aqui estou.

Eu, diante desse monstro,
Não demonstrarei fraqueza,
Lutarei até a morte,
Porque Zeus me deu destreza,
Enfrentarei o perigo
E trarei viva a princesa.

Do senhor quero um cavalo,
Um escudo e uma espada,
Que tenha lâmina de aço
E seja bem afiada,
Pois, estando prevenido,
Não tenho medo de nada!

O rei deu-lhe um belo escudo
E um novo espadagão,
Depois levou-o ao estábulo,
Mostrou um belo alazão.
Era um possante cavalo,
Que tinha disposição.

O rapaz naquele instante
O espadagão pegou,
Juntamente com o escudo,
E no cavalo montou.
Munido de informações,
Para a montanha rumou.

Já eram umas dez horas
Quando ele havia saído,
Montado no seu cavalo,
Bem armado e prevenido,
Para combater o Mal,
Pelos deuses protegido.

Ele pensava consigo:
"Nessa luta irei morrer,
Porém, não desistirei,
Suceda o que suceder;
Lutarei até o fim,
Para o demônio vencer."

Com seis horas de viagem,
O moço sede sentiu.
Mas logo uma poça d'água
Pra seu ânimo ele viu,
Apeou-se do cavalo
E descansar decidiu.

Ele bebeu muita água
E ficou mais animado,
Depois deu ao seu cavalo,
Que ficou revigorado,
Sentou à sombra duma árvore,
Sem prever o inesperado.

Pois um faminto leão
Passava ali neste instante,
E avançou, furioso,
Contra o alazão possante,
Para matar o cavalo,
Que relinchava bastante.

E Glauco, ouvindo o barulho,
Na hora se levantou;
Arrancou a sua espada,
Contra o leão avançou,
Para cortá-lo ao meio,
Mas ele se desviou.

E pulou sobre o rapaz,
Cravando os dentes no braço,
Glauco desceu-lhe a espada
Bem no meio do espinhaço.
O leão estava morto,
Trespassado pelo aço.

Mas Glauco tinha no braço
Um horrível ferimento.
A dor era insuportável,
Com as batidas do vento.
Resolveu dormir um pouco
Pra atenuar o tormento.

O Sol já não mais brilhava
Quando o rapaz acordou,
O braço ainda doía,
Porém ele se animou.
Montou-se no alazão
E a missão retomou.

Glauco pôs o seu ginete
Numa louca correria;
A montanha estava perto
Chegar logo ele queria.
E o seu cavalo veloz
Como uma flecha corria.

Não demorou muito tempo,
Na tal montanha chegou.
Quando mirou o seu cume,
O guerreiro se assustou
Com a terrível visão
Que o seu olhar contemplou.

Eram montanhas horríveis,
Negras iguais a carvão,
Que eram quase invisíveis
Numa densa escuridão,
E deviam ter origem
No Reino da Assombração.

Glauco desceu do cavalo
Começando a escalada
Por uma parte acessível
Dessa montanha encantada,
Pensando em chegar ao fim
Desta assombrosa jornada.

Não demorou muito tempo,
Ao topo pôde chegar
E sobre os montes medonhos
Começou a caminhar.
Aquela mórbida paisagem
Fazia-o admirar.

Sobre os montes tenebrosos
Um grande lago existia,
Numa superfície plana
Nessa montanha sombria.
O rapaz ficou confuso
Com o panorama que via.

Para o lago cristalino
Ele, então, se dirigiu,
Mergulhou nas águas claras,
Do outro lado saiu.
Olhou pra o braço ferido
E nenhuma dor sentiu.

O ferimento sumiu,
Pois, para sua alegria,
Notou que o tal lago tinha
Uma espécie de magia
Benigna e diferente
De tudo que ali havia

O moço, entusiasmado,
Sempre seguia em frente,
Com sua espada na mão,
Das armadilhas ciente,
Quando um fenômeno estranho
Se apresentou de repente.

Criaturas tenebrosas
Começaram a surgir,
E o moço, naquele instante,
Tratou de se prevenir,
Pois sabia que o pior
Ainda estava por vir.

Eram dragões e serpentes
De três cabeças ou mais,
Que partiram, com destreza,
Pra acabar com o rapaz,
Que mandou o ferro frio
Nos horrendos animais.

Os monstros lançavam fogos
Dos orifícios bucais,
E Glauco, se defendendo
Destes seres infernais:
Das terríveis labaredas
Que podiam ser fatais.

Com o escudo reluzente,
Conseguiu se defender
Daquelas bestas noturnas,
As quais tentava vencer.
Nem a mais arguta pena
Os saberia descrever.

Glauco, que as enfrentava
Sem um pingo de pavor,
Mostrava-se um herói digno,
Um honrado contendor,
Matando as terríveis feras
Com o aço arrasador.

As criaturas soltavam
Gemidos bem lancinantes,
Porém o bravo guerreiro,
Dentro de poucos instantes,
Liquidou com sua espada
Os monstros apavorantes.

Aquela grande batalha
O deixara extenuado,
O sono logo envolveu,
Visto que estava cansado.
O herói pela fadiga
Tinha sido derrotado.

Quando as pálpebras pesaram,
O jovem adormeceu.
Ele só foi acordar
Quando o dia amanheceu;
Aurora havia sumido
E Apolo apareceu.

Glauco então recomeçou
A angustiosa procura
Para salvar a princesa
Da horrenda criatura
E, assim, chegar ao fim
Da pavorosa aventura.

Sabia que encontraria
Obstáculos pela frente,
Poderia até ser morto,
Porém ele era insistente
E de todos os perigos
Estava muito ciente.

Viu numerosos cadáveres
Dos guerreiros imprudentes,
Mortos naquele lugar
Pelos dragões e serpentes,
Que estraçalharam a todos
Com seus afiados dentes.

O monstro tinha um exército
Que vencia qualquer guerra
Das criaturas mais feias
E poderosas da Terra,
Que se achavam espalhadas
Por toda parte da serra.

O rapaz soltou um grito
Que em toda a serra ecoou:
– Venha, monstro miserável,
Que vou mostrar-lhe quem sou!
Você não tem mais coragem,
Ou a que tinha acabou?

Uma voz lhe respondeu:
– Pirralho inconveniente,
Para duelar comigo
Precisa ser mais valente.
Glauco disse: – Miserável,
Apareça em minha frente!

Nisso, um homem gigantesco
Para o moço apareceu.
Não era o monstro encantado,
Ele logo percebeu.
Mas media uns cinco metros,
Para desespero seu.

– Venha lutar, anãozinho!,
Disse o horrendo gigante. –
Sou enviado do monstro,
Venho de muito distante,
Apenas para provar
Se és corajoso o bastante.

Dizendo estas palavras,
A espada levantou
Para cravá-la no moço,
Que, rápido, se desviou,
E a espada do monstro
Toda no chão se enterrou.

Disse o gigante: – Meu jovem,
És mesmo um guerreiro forte,
Porém, para me vencer,
Precisa ter muita sorte.
Glauco disse: – Vencerei,
Pois não temo nem a morte!

Naquele instante o rapaz
Suspendeu o espadagão
E acertou o gigante
Bem em cheio no dedão,
Que o grande homem rugiu
Como se fosse um leão

Não suportando a dor,
O gigante esmoreceu.
O rapaz deu outro golpe
Que o homenzarrão gemeu,
E com o berro do monstro,
A montanha estremeceu.

Disse o irado gigante:
– Mostraste ter algum nível
Para vencer-te farei
Até mesmo o impossível.
Daqui não sairás vivo,
Criatura desprezível!

Durante minha existência
Muitos guerreiros topei,
Todos eram muito fortes,
Porém eu os derrotei,
Mas um homem bravo assim
No mundo nunca encontrei!

O gigante distraído
Não viu o moço empunhar
A sua possante espada,
Nem pôde se desviar –
Quando olhou para o joelho,
Viu muito sangue jorrar.

O rapaz deu outro golpe
E o gigante se livrou,
Mas ao tentar defender-se,
Numa pedra tropeçou –
O homem de cinco metros
Da montanha despencou.

O Sol já estava alto
Àquela hora do dia,
O gigante estava morto,
Não mais incomodaria,
Mas Glauco sabia que
A paz pouco duraria.

De sair vivo dali
Ele não tinha certeza,
Estava muito ansioso
Para encontrar a princesa
E, diante do tal monstro,
Demonstrar sua destreza.

Pôs-se assim a caminhar
Com o máximo de cuidado,
Pois aquele lugar era
Pelas feras vigiado –
Todas elas enviadas
Pelo monstro desgraçado.

Queria chegar ao fim
Da aventurosa viagem,
Um silêncio irrompia
Na tenebrosa paisagem,
Onde um vento bem gelado
Trazia uma má mensagem.

Um ar de melancolia
Que parecia oriundo
Do mais culminante monte
Ou do abismo mais profundo,
Na apavorante montanha,
Naquele centro de mundo.

O moço escalou o monte
Mais alto daquela serra,
De onde se podia ver
Todos os reinos da Terra,
Nações envoltas de ódio,
Consumidas pela guerra.

Queria achar a princesa
Olhando do alto monte –
Quatro quilômetros à frente,
Ele avistou uma ponte,
Que atravessava um riacho
Mais triste que o Aqueronte.

O jovem do grande monte
Desceu no mesmo instante,
E, em direção à ponte,
Ele marchou, triunfante,
Esperando ali pôr fim
Nessa busca angustiante.

Naquela triste montanha
Nascia o riacho Eterno,
Que descia numa gruta
E desaguava no Inferno,
Com suas águas ferventes
Que percorriam o Averno.

Glauco se aproximou
Do rio amaldiçoado
E subiu na frágil ponte
Pra chegar do outro lado,
Ansioso pra enfrentar
O monstro endemoninhado.

Essa ponte o conduziu
A uma caverna escura –
Nela o moço penetrou
Através duma abertura,
Mas lá dentro o esperava
Uma estranha criatura.

Esse ser era um mastim
Com cauda de escorpião,
Escamas por todo o corpo
E as garras de leão,
Mais horroroso que Cérbero,
O tartáreo guardião.

Esse monstro tenebroso
Logo o guerreiro encarou,
Exalou chamas da boca
Na hora em que respirou.
E Glauco, mais uma vez,
Pra luta se preparou.

"Que faz esse monstro aqui?",
Ficou ele imaginando.
Nisso, avistou linda jovem
Em um cantinho chorando –
Viu que o terrível mastim
A estava vigiando.

E próximo à linda jovem
Havia uma tocha acesa.
O corajoso guerreiro
Gritou, cheio de certeza:
– Venho para libertá-la
Do monstro, minha princesa.

Naquilo, o grande mastim
Para o rapaz avançou,
Uma horrível labareda
Pela bocarra soltou –
O herói só não morreu,
Pois seu escudo o salvou.

Do demoníaco cachorro
Ele, então, se aproximou,
Ergueu o espadagão
E na cabeça acertou.
O mastim deu um uivado
Que a caverna abalou.

O monstro então avançou
Na bela moça indefesa
E Glauco, notando qu'ele
Ia matar a princesa,
Saltou na frente da jovem,
Com tamanha ligeireza.

E enterrou a espada
Na fera, sem piedade,
Pra atingir o coração,
Enfiou mais da metade –
O monstro tombou sem vida,
Pra sua felicidade.

A princesa, admirada,
Ao moço se dirigiu.
Glauco ficou deslumbrado
Com a formosura que viu,
E o mesmo sentimento
A jovem retribuiu.

Glauco sentiu-se ofuscado
Com a fulgurante beleza,
Tinha sido enfeitiçado
Pela belíssima princesa –
Contra a magia do amor,
Ele não tinha defesa.

As setas de Eros tinham
Os dois jovens atingido,
Tanto a meiga princesa
Quanto o moço destemido,
Pois o manto do amor,
Ali, os tinha envolvido.

A princesa agradeceu-lhe
Aquele heroico feito.
Glauco, então, aproximou-se
Da moça, mais satisfeito,
E dela beijou a mão,
Com formidável respeito.

Disse: – Vim para livrá-la
Desta prisão infernal.
A princesa viu no moço
Um ser valente e leal,
Que, por ela, combatia
As cruéis forças do mal.

Ela então lhe perguntou
Com voz firme e decidida
Quem era aquele rapaz
Que salvara sua vida.
Ele lhe disse: – Eu sou Glauco,
Às ordens, minha querida.

– O meu nome é Climene,
A jovem lhe respondeu. –
Tu és o maior guerreiro
Que nesta terra nasceu –
Também o maior ladrão,
Que no mundo apareceu.

Disse Glauco: – Como posso
Ser eu um grande ladrão?
Jamais roubaria alguém,
Falo com convicção.
Disse ela: – Meu amado,
Roubaste o meu coração!

Dizendo isto, aproximou-se
Dele sorrateiramente.
Naquele instante sublime,
Beijou-o demoradamente,
Porque o amor os uniu
Numa inquebrável corrente.

Depois de alguns minutos,
A caverna abandonaram,
Com o máximo de cautela,
A tal ponte atravessaram.
E para o mágico lago
Na mesma hora rumaram.

Quando a belíssima princesa
E o guerreiro destemido
Chegaram à beira do lago,
O Sol já tinha morrido,
E a noite ia ser terrível
Como nunca havia sido!

Por isso a princesa disse:
— Vamos descer, sem demora....
— Não, princesa, é imprudente
Fazermos isso agora —
Acho mais aconselhável
Esperarmos pela Aurora.

Ambos então concordaram
Em aguardar pelo dia;
Resolveram pernoitar
Naquela serra sombria,
Onde gritos pavorosos
De toda parte se ouvia.

A princesinha abraçou-se
Com o rapaz, assustada;
Ele fazia o possível
Para vê-la confortada —
Sem poder pegar no sono,
Por estar apavorada.

Glauco, muito cauteloso,
Não dormiu um só momento.
A princesinha dormiu,
Apesar do sofrimento
E acordou quando o Sol
Apontou no firmamento.

E quando o Sol apontou,
O rapaz falou: – Agora
Peço por favor, princesa,
Desça, sem qualquer demora,
A montanha e, em seguida,
Exijo que vá embora.

Quando descer a montanha,
Você irá encontrar
Um cavalo, monte nele,
Não fique a me esperar,
Pois não sei se saio vivo
Deste maldito lugar.

A princesinha chorosa
Relutava em descer,
Como se ela pressentisse
O que iria acontecer,
Imaginando que o moço
Ali podia morrer.

Ela chorava bastante,
Mas, sem demora, desceu
Pela rota menos íngreme,
Contra o desejo seu
E quando chegou embaixo,
Sobre a relva adormeceu.

Glauco, naquele momento,
Estava muito animado,
Com sua espada na mão,
Para a luta preparado,
Só aguardando a chegada
Do tal monstro desalmado.

Já cansado de esperar,
O jovem exclamou assim:
– Oh, feiticeiro das trevas,
Aparece para mim,
Pois eu estou preparado
Para dar ou levar fim!

És apenas um covarde,
Inda te julgas valente?
Mas se tiveres coragem,
Aparece em minha frente.
Devias ser corajoso
O quanto és renitente.

Aparece, miserável,
Herdeiro da maldição!
Porque eu te enfrentarei
Com toda satisfação,
Hoje, sentirás no couro
O peso de minha mão!

Quando Glauco disse aquilo,
Toda a montanha tremeu,
O céu se tingiu de escuro
E o monstro apareceu –
Frente a tão horrível ser
O rapaz esmoreceu.

Duas cabeças medonhas
Esse monstro possuía.
Qualquer pessoa que o visse
De puro medo morria –
E mesmo que não morresse,
Na certa enlouqueceria.

O monstro disse ao rapaz:
– Já fui bastante insultado.
Eu só me acalmarei
Quando fores fulminado.
Então, fedelho, prepara-te,
Pois serás estraçalhado!

Com suas garras de aço
Para o rapaz avançou,
Deu um desmedido golpe,
Porém não o acertou,
Porque Glauco, muito ágil,
No instante se abaixou.

Glauco perguntou: – Maldito,
Por que tanta crueldade,
Quem és e de onde vens?
Conta-me toda a verdade.
Disse o monstro: – Satisfaço
Tua curiosidade:

Como vês, não sou humano,
Pertenço à raça imortal.
Humano um dia já fui
Num tempo imemorial;
Se tenho esta forma hoje
É por desígnio do mal.

Lembro-me que um dia fui
Um exímio contendor,
Defendia a minha pátria
Com muita honra e valor,
Mas a injustiça tornou-me
Este ser aterrador.

Servia a um soberano
De um distante país,
Por ser um vassalo honrado,
Vivia muito feliz,
Mas o Destino puniu-me
Pelas maldades que fiz.

Defendi o meu país
Com grande patriotismo;
Homem algum derrotou-me,
Tal era o meu heroísmo,
Porém as minhas vaidades
Jogaram-me no abismo.

Pois aquele a quem servi
Um dia tentei matar,
A injusta hierarquia
Não poderia durar –
Eu era primeiro e único,
Para a outro me curvar.

Mas não fui bem-sucedido
Naquela macabra empresa;
O monarca me puniu
Por conta desta torpeza.
O exílio foi o preço
Diante de tal crueza.

E, assim, eu fui banido
Pra o Reino da Assombração,
Uma terra dominada
Pela eterna escuridão,
Além da ordem e do caos,
Além da compreensão.

Os seres mais odiosos
Que lá estavam comigo
Viviam sempre assolados
Por infinito castigo,
Coisas que não se desejam
Ao mais cruel inimigo!

De lá não pude fugir,
Visto que era vigiado
Pelos mais terríveis monstros
Que o mal já tem gerado,
E num ente desprezível
Também me vi transformado.

Com esta vil aparência
Veio um maligno poder,
Que aumentava com os séculos
E me fez compreender
Que naquele lugar triste
Nada mais tinha a fazer.

Os monstros que combateste
Já foram homens um dia,
Que aprenderam a viver
Com a dor e a agonia;
Os seres mais miseráveis
Que naquela época havia.

E agora aqui me encontro
Nesta triste condição,
Preso, através dos séculos,
A uma negra maldição,
E aquela meiga princesa
Era minha salvação.

Por ser a mulher mais bela
Que nesse mundo nasceu,
Conserva um poder tão místico
Quanto o do mago Morfeu,
E seria inigualável
Quando fosse unido ao meu.

Glauco viu naquele monstro
Vestígios de humanidade,
Naquele ser pavoroso
Gerado pela maldade
Ainda existia um homem
Em busca de liberdade.

Um homem prisioneiro,
Cercado pelo pavor,
Carregando pelos séculos
Uma incontrolável dor,
Mas que ainda conservava
Algum resquício de amor

Com um olhar condescendente,
Disse o moço: – Criatura,
Para quem já foi um homem
Da mais extrema bravura,
Não mereces enfrentar
Tão terrível desventura.

Disse o monstro: – Não adianta,
Nada vai me demover,
Meu corpo degenerou-se –
O que mais posso fazer?
Se os deuses assim quiserem,
Nesta luta irei morrer.

Não posso me libertar
Do meu eterno suplício,
Porque os seres humanos
Têm o mais nefasto vício
De agir erroneamente,
Desprezando o sacrifício.

Por isso, caro guerreiro,
Finda-se aqui tua sorte,
Resististe muito bem,
Provaste ser muito forte.
Como fiz com outros mil,
Contemplar-te-ei com a morte

E as duas garras, cortantes
Como espadas, ele ergueu,
Glauco tentou defender-se,
Porém se surpreendeu –
O golpe acertou-o em cheio,
O inimigo o venceu.

Esse golpe abriu no tórax
Do moço mortal ferida,
E por densa nuvem teve
A visão obstruída,
trazendo a sombra da morte
E o último sopro da vida.

O monstro, com olhar triste,
Contemplava o moribundo,
Que, quase sem forças, disse:
– Espectro da morte, imundo,
Produto das desavenças
E das misérias do mundo!

Algum guerreiro um dia
Te enviará ao Inferno;
Enganei-me em procurar
Em ti sentimento terno.
Meu sofrer é momentâneo,
Mas o teu será eterno.

Então, o monstro encarou-o,
Com mais piedoso olhar,
Disse: – O meu fado é bem triste,
Só tenho que lamentar,
Porém tu só vais morrer
Quando o teu dia chegar.

E, num gesto formidável,
Com o rapaz se abraçou
E para o lago da vida
A criatura marchou –
Antes de a vida esvair-se,
Glauco no lago chegou.

As águas puras do lago
Atenuaram-lhe dor
Apagando, desta forma,
O fogo devorador
Da morte, que consumia
A alma do contendor.

E o guerreiro formidável
Tal qual Fênix renasceu.
Quem salvou a sua vida
Foi o mesmo que o venceu.
O ideal de justiça
No inimigo floresceu.

Vendo que as forças voltavam
Ao guerreiro destemido,
O monstro disse: – Meu jovem,
Não fiques estarrecido,
Apenas reencontrei
O que julgava perdido.

Venho agora te pedir
Um formidável favor:
Que acabes de uma só vez
Com a minha inútil dor,
Porque morrerei feliz,
Pois encontrei o amor.

E sei que posso perdê-lo
Como o perdi uma vez.
Esta criatura horrível,
Que a crueldade fez
Quer agora aproveitar
Momentânea lucidez.

Glauco, então, colocou fim
À macabra maldição,
Primeiro, ergueu a espada·.
Com alguma hesitação,
E cravou-a onde supunha
Ser do monstro o coração.

Nesse momento morria
O grande senhor das feras,
Um homem atormentado
Que atravessava as eras,
Trazendo desgraça aos povos
Que alimentavam quimeras.

Enquanto o monstro morria,
Assumia a forma humana
A alma se desprendeu
Da existência tirana,
Buscando os Campos Elíseos,
De onde a essência emana.

O moço desceu a serra
Em busca de sua amada,
Que adormeceu na relva,
Estando desesperada –
Do admirável guerreiro
Não percebeu a chegada.

O moço a sacudiu,
Dizendo: – Acorda, querida,
O teu amado voltou
E, felizmente, com vida,
O mal foi exterminado,
Minha missão foi cumprida.

O cavalo do rapaz
Estava perto pastando,
O fidelíssimo animal
Por ele estava esperando –
Montados para a cidade
Os jovens foram rumando.

Em certo momento, Glauco
Olhou pra trás, assustado,
Pois a montanha em deserto
Havia se transformado,
Onde o império do mal
Tinha sido derrotado.

De Glauco com a princesa
Celebrou-se a união,
O seu triunfo marcou
Aquela helênica nação,
Da qual se tornou o rei,
Tendo de Zeus proteção.

Suas notáveis façanhas
Deram esta grande história,
Tornando-se um semideus
Para os que tinham memória;
Nos dias em que viveu
Gozou infinita glória.

Presepadas de Chicó e astúcias de João Grilo

Escrito em 2005 e publicado, pela Luzeiro, no ano seguinte, com o título *Os apuros de Chicó e astúcias de João Grilo*, tornou-se, desde o lançamento, um sucesso. Reescrevi o texto, acrescentando o episódio da mentira de Chicó, para uma reedição com capa em policromia e com o título atual. Na história, costurei episódios de diferentes contos populares, recolhidos na Bahia, com referências literárias e um toque de criatividade. Na nossa história, os famosos personagens do *Auto da Compadecida*, de Ariano Suassuna, seguem um caminho diferente do da consagrada peça teatral. O foco principal é o humor, embora haja espaço para a crítica social, sem perder de vista a essência do romance picaresco.

Presepadas de Chicó e astúcias de João Grilo

João Grilo foi um menino
De grande sagacidade,
Aprimorou a esperteza
Devido à necessidade –
Enganava a todo mundo
Com muita facilidade.

Quando João era menino,
Sempre ia à beira do rio,
Para poder refrescar-se
Por causa do grande estio.
Um dia, encontrou um padre
Que tinha curto pavio.

O padre vinha num jegue –
Logo que viu o menino,
Pensou: "Eu vou me informar
Com aquele tipo cretino,
Mas se ele me enganar,
Vou e lhe torço o pepino!"

O padre se aproximou
E disse, com voz pausada:
– Me responda, meu menino,
Aonde vai esta estrada?
Você será castigado,
Caso me meta em *armada*.

João lhe respondeu: – Seu padre,
Eu não gosto de balela;
Respondo à sua pergunta,
Sem temer a esparrela:
A estrada nunca vai,
Somos nós que vamos nela.

O padre disse: – Moleque,
Deixe dessa amolação!
Vou celebrar uma missa
Na igreja do Capão –
E lhe peço, por bondade,
Que me ensine a direção.

Disse João: – É muito fácil,
Agora vou lhe ensinar:
Para chegar no Capão,
Basta ao rio atravessar,
Mas tenha muito cuidado
Ou poderá se afogar!

– Não me amole mais, moleque,
Pois já estou em atraso!
O povo me esperando
E você criando caso –
Ande logo, desembuche:
Onde que o rio é mais raso?

– Vá naquela direção,
Já que está muito apressado.
O padre foi com o jegue,
Onde João tinha mostrado,
Mas era o ponto mais fundo,
Quase morreu afogado.

Ao sair na outra margem
O padre pôde gritar:
– Pode esperar, seu moleque,
Que volto pra me vingar!
E, com a batina ensopada,
Desgraçou-se a espirrar.

Quando chegou na igreja
Estava muito atrasado.
O povo todo estranhou
Vendo o vigário ensopado
E xingando cada nome
De deixar o Cão corado!

Naquele tempo, a missa
Era rezada em latim,
E o padre, resfriado,
Viu a coisa ficar ruim –
Abria a boca e falava:
– *Roga pro nobis...* Atchim!!

As pessoas, vendo aquilo,
Danaram na mangação.
O padre os ameaçou
Até com excomunhão.
Pensou: "Aquele moleque
Deve ter parte com o Cão!"

Terminou, montou no jegue,
Agora mais preparado,
Entrou num lugar mais raso
E saiu do outro lado,
Onde avistou o João Grilo
No mesmo canto, sentado.

Perguntou-lhe: – Meu menino,
Onde é sua moradia?
João Grilo lhe respondeu:
– Ali, naquela enxovia...
Era a choupana mais pobre
Que na região havia.

O padre bateu na porta,
Uma mulher atendeu.
Disse: – *Bença*, padre mestre...
Ele logo a bênção deu,
E perguntou: – Minha filha,
Aquele amarelo é seu?

Ela disse: – Sim, senhor;
É um amarelo *malino*,
É feio que só a fome,
Contudo é muito ladino;
Mas eu não tenho recurso
Pra criar este menino.

Disse o padre: – Então me dê
O menino pra eu criar...
Garanto que em minha mão
Faço ele se emendar.
A mulher chamou João Grilo,
Mandou o padre o levar.

Montaram os dois no jegue,
João na frente, o padre atrás,
Já pensando: "É agora,
Filhote de Ferrabrás,
Você vai ver que, com padre,
Nem mesmo o *demo* é capaz.

Puxou uma palmatória
De dentro duma *capanga*,
Na hora em que um roceiro
Botava fogo na *manga*.
– O que é aquilo? – indagou
O padre, cheio de zanga.

Respondeu João: – É fogo!...
O vigário disse: – Errado!...
Pois na minha terra aquilo
Tem nome de *limitado*.
E deu-lhe um bolo que João
Quase perde o rebolado.

Seguiram... e mais à frente
Avistaram um grande açude.
O padre olhou para João
E perguntou, num tom rude:
– O que é aquilo, moleque?
João resmungou: – Deus me ajude!

E disse: – É água, seu padre...
Mas o bruto, com implicância,
Berrou: – Lá na minha terra
Tem o nome de *abundância*.
E desceu-lhe a palmatória,
Sem respeitar-lhe a infância.

Assim que chegou em casa,
O padre lhe perguntou:
– O que sou eu, seu moleque?
João Grilo aí gaguejou:
– Nã-não é o padre-mestre?
– Não é! *Bata-cristo* eu sou!

Pegou a mão do menino
E mandou a palmatória.
Todos os nomes estranhos
João guardava na memória,
Torcendo para o vigário
Findar logo aquela história.

Naquilo passa uma freira
De aparência louçã.
– O que é aquilo, moleque?
João respondeu: – Uma irmã...
– Irmã, não! É *Folgazona*!...
Sua resposta foi vã.

Mais uma *palmatorada*
Na mão João Grilo levou.
Naquele exato momento,
Correndo, um gato passou.
– Responde: que bicho é aquele?
O padre lhe perguntou.

– Ga-gato, disse João Grilo,
De medo já gaguejando.
Gato, não! É *mata-rato*!...
Disse o padre, já puxando
A pesada palmatória
E no menino baixando.

Mais tarde, o padre falou:
– Agora, a última lição:
Como é que se chama aquilo?
E mostrou a habitação.
João Grilo disse: – É casa?
O bruto respondeu: – Não!...

O seu nome é *traficância*...
Como não disse a verdade,
Vai levar mais outro bolo,
Pra deixar de falsidade.
E desceu a palmatória
No pobre, sem piedade.

O padre disse: — Amanhã
Estudaremos Latim;
Me diga logo o seu nome,
Se não vou achar ruim!
João Grilo lhe disse: — O meu
Nome é *Por aí assim*.

O padre estranhou o nome;
Porém, nada quis dizer;
Às oito horas da noite,
Tratou de se recolher —
E João ficou matutando
No que devia fazer.

Nisso o gato ia passando;
João calmamente o pegou,
Um pano com querosene
No rabo dele amarrou,
Apanhou um candeeiro
E fogo logo ateou.

O gato saiu a toda
Com a labareda no rabo.
João disse: — Agora o vigário,
Vendo isso, fica brabo,
Mas a safadeza dele
Ainda hoje eu acabo.

E gritou bem alto: – Acorda,
A boa vida abandona...
Levanta, seu *bata-cristo*
Dos braços da *Folgazona*! ...
Traga logo a *abundância*
Ou tudo se desmorona.

Pois lá vai o *mata-rato*
Com o *limitado* no cabo,
Traga logo a *abundância*,
Deixa esse prazer nababo
Ou você e a *traficância*
Vão tudo para o diabo!

O telhado era de palha,
Foi a casa incendiada,
Vestindo a "roupa de Eva",
A pobre freira, coitada,
Saiu igual uma bala,
Numa louca disparada.

O padre também saiu,
Do jeito que veio ao mundo,
Gritando: – Alguém dê notícia
Daquele espírito imundo.
Quem viu *Por aí assim*?
Sem-vergonha, vagabundo!

Quem viu *Por aí assim*? –
Gritou até ficar rouco.
E o povo, ao ver o padre,
Pelado, chutando toco,
Disse: – Calma, padre-mestre,
O padre-mestre está louco!

João foi viver noutra terra,
Ali nunca mais pisou.
Desmoralizado, o padre
Também de lá se mudou.
Nunca mais bancou o esperto,
A ninguém mais maltratou.

João tornou-se um rapazote
Esquisito como o raio,
Tinha pernas de alicate,
Cabeça de papagaio,
Mas nunca achou sabichão
Pra metê-lo no balaio.

Lá, pelo alto sertão,
Ele arranjou amizade
Com um sujeito simpático,
De grande amabilidade –
Contava muita mentira;
Porém, não tinha maldade.

Tinha por nome Francisco,
Mas o chamavam Chicó,
E, igualmente a João Grilo,
Era pobre como Jó;
Só comia com mistura
Quando matava um mocó.

Chicó contava vantagem,
Mas o povo não ligava,
Toda noite para ouvi-lo
A multidão se ajuntava;
Porém, não tinha sequer
Um que nele acreditava.

João Grilo dizia sempre:
– Chicó, tenha mais cuidado,
Pois a sua língua grande
Pode deixá-lo enrascado
Se um dia se deparar
Com algum cabra malvado.

Chicó dizia: – Qual nada!
Nunca me meto em engano:
Já irriguei o deserto
Com as águas do oceano,
Mandei fazer uma ponte
Ligando Marte a Urano!

Já matei onça de tapa
E leão com pontapés,
Já tirei água de pedra,
Como um dia fez Moisés,
Em casa tenho uma árvore
Que produz contos de réis!

João Grilo disse: – Chicó,
Nem mesmo lá em Pequim
Um *pé-de-pau* dá dinheiro
Ou a água do mar tem fim.
Chicó respondeu: – Não sei;
Eu só sei que foi assim...

Porém, meu amigo João,
Agora vou lhe contar
Uma história verdadeira,
Dessas de se admirar,
Que mesmo o cabra incrédulo
É forçado a acreditar:

No sertão do Ceará
Vi três matutos correndo
Atrás de uma tartaruga –
Parece que inda estou vendo –
Mas vou descrever os três
Pra você ficar sabendo.

Cada um deles levava
Consigo uma muleta.
Mas o primeiro era mudo,
O segundo era perneta;
Já o terceiro era cego,
O quarto, surdo e maneta.

E foi o cego quem viu
A tartaruga matreira.
O mudo falou pra ele:
– Acabou-se a brincadeira!
Depois gritou o perneta,
Que se danou na carreira.

Mas quem pegou a bichinha
Foi o sujeito cotó,
Vendeu-a para um mendigo,
Ficou mais rico que Jó.
É a mais pura verdade,
Quem lhe garante é Chicó.

Mas isso, João, não é nada,
Já fiz coisa mais incrível
Que, se lhe contar, você
Pensará ser impossível.
Pra você pode até ser,
Mas não pra alguém do meu nível.

Eu tenho um grande criame
De abelhas no meu quintal.
Tentei contar as colmeias –
Confesso que passei mal –
Pois nem em quinhentos anos
Descobriria o total.

Porém contei as abelhas,
Que passavam de um trilhão,
Vendo que faltava uma,
Quase perdi a razão;
Mas, para minha alegria,
Vi o seu rastro no chão.

Entrei mata adentro e vi
Minha abelhinha caída,
Com duas raposas velhas
Numa batalha renhida.
Saquei de grande peixeira,
Pra defender minha vida.

Rumei a peixeira nelas,
Que saíram em disparada;
A peixeira se perdeu
Dentro da mata fechada.
Então, matutei um jeito
De sair dessa embrulhada.

Então peguei o meu *binga*,
Fogo na mata botei,
E dessa forma, as raposas
Pra bem longe afugentei.
Quando o fogo se apagou,
Minha peixeira encontrei.

Porém sobrou só o cabo
O ferro foi derretido.
Fui correndo até o ferreiro
Contar o acontecido:
Pedi qu'ele refizesse
O ferro, que foi perdido.

Mas ele se confundiu
Por ter cabeça de vento
E me fez um anzol reto
Pra eu pescar ao relento.
Joguei o danado n'água,
Puxei e veio um jumento.

Veio com bruaca e tudo,
Então nele me montei.
Os quartos da abelhinha
Fujona, avante encontrei.
Quando espremi, dez mil litros
De mel bem puro tirei.

Porém, não tinha os barris.
E estando no mato só,
Resolvi armazenar
Todo o mel no *fiofó*
Do meu jeguinho, contudo,
Confesso: fiquei com dó.

Passado algum tempo houve
No sertão grande secura;
Nas costas do meu jumento
Cresceu grande matadura,
De tanto carregar peso
Em sua jornada dura.

O jumento carregava
Bastante mercadoria
E, para minha surpresa,
Presenciei, certo dia,
Germinando em suas costas
Feijão, milho e melancia.

Então, peguei o machado
E dei um golpe no centro
Da melancia; porém,
O machado caiu dentro.
Olhei o buraco e disse:
– É aqui mesmo que eu entro!

Lá dentro da melancia
Avistei em disparada
Um vaqueiro procurando
A sua enorme boiada.
Pedi seu adjutório,
Ele me deu uma escada.

Para subir os degraus
Foi terrível o escarcéu,
Pois saí da melancia
E fui bater lá no céu.
Lá Maria Madalena
Me ocultou em seu véu.

Acabei voltando à Terra
Cavalgando num corisco,
Que caiu em Xique-Xique,
Nas bandas do São Francisco,
Mas aprendi a lição –
Hoje sou um cabra arisco.

Assim Chicó entretinha
O povo do lugarejo,
Mas ali morava um cabra
De instinto malfazejo,
Que para fazer o mal
Agia sem nenhum pejo.

Era o chefete político
O tal Carlos Carabina,
Uma fera desumana,
De natureza ferina,
Que descontava nos pobres
A sua índole assassina.

Só ia a algum lugar
Por jagunços escoltado.
Um dia encontrou Chicó
Numa bodega, *engaizado*,
Contando suas vantagens,
Do mundo despreocupado.

Chicó dizia pra o povo:
– Sei construir um castelo
Com a cumeeira no chão
E a base no *setestrelo*.
Chegou Carabina e disse:
– Isso é verdade, amarelo?

Chicó, ao ver Carabina,
Danou-se na tremedeira.
Disse: – Coronel, bom dia;
Eu sou mesmo uma toupeira!
Onde se viu uma casa
Começar da cumeeira?!

O coronel disse: – Cabra,
A mentira é um assalto,
Você fará um castelo
Começando pelo alto –
Ou vai dormir para sempre
Numa cama de cobalto!

Amanhã, ao meio-dia,
Lá, no Baixão do Jaó,
Se não fizer o castelo,
De seu couro tenho dó!
Depois gritou ao garçom:
– Encha o copo de Chicó.

Chicó bebeu a cachaça,
Bastante contrariado,
E foi procurar João Grilo,
O seu amigo estimado,
Implorando: – João, me acuda,
Pois eu estou enrascado!

E narrou para João Grilo
Todo o triste acontecido.
Disse: – João, por minha língua
Agora eu estou perdido,
Pois, amanhã, no curtume,
Meu couro será curtido!

João disse: – Calma, Chicó,
Para tudo há solução.
Amanhã, ao meio-dia,
Eu estarei no Baixão –
Esse tal de Carabina
Merece boa lição.

No outro dia, Chicó
Foi ao lugar combinado,
Quando olhava pro relógio
Mais ficava aperreado –
Já perto de meio-dia
Disse: – Agora *tou* lascado!...

Naquilo, chega João Grilo
Roendo uma rapadura.
Quando Chicó o avistou,
Foi dizendo: – Ô criatura,
Quede sua solução
Pra minha grande amargura?

João lhe disse: – Padre-nosso
Ao vigário não se ensina.
Vamos fazer o castelo
Do bandido Carabina
No dia em que marmeleiro
Botar laranja-da-china.

Mal terminou de falar,
Ouviu um grande tropel
De Carabina e seu bando.
Naquele instante cruel,
Chicó disse: – Agora vou
Beber a taça de fel!...

Carabina perguntou:
– Onde está o meu castelo?
Agora morrerão dois:
Você e esse amarelo...
E disse para o jagunço:
– Prepare o seu *parabelo*.

João Grilo disse: – Senhor,
Parece haver confusão:
O meu amigo queria
Começar a construção;
Porém, o material
Quem fornece é o patrão.

Pois eu nunca vi pedreiro
Entrar com o material.
Chicó veio trabalhar
Nesse calor infernal,
Mas, quando olhou para cima,
Lhe faltava o principal.

O material devia
Ter sido posto no ar,
Porque um serviço desses
Não se deve começar.
Por baixo, onde é o ponto
Do trabalho terminar.

Carabina disse ao Grilo:
– Agora é que eu lhe mato.
Aí chegou o juiz
E disse: – Quieto, seu rato!
Foi você que não cumpriu
A sua parte no trato.

Atrás do juiz chegou
Uma grande multidão,
Que agarrou Carabina
E arrebentou-o no chão,
Dizendo: – Chega de marra,
Cabra safado, ladrão!

Carabina e a jagunçada
Foram para o xilindró,
Escoltados pelo povo,
Que não poupou o cipó...
E foi assim que João Grilo
Salvou o amigo Chicó.

Veio uma seca medonha
De fazer rachar o chão,
E Chicó foi obrigado
A se mudar do sertão –
Foi então se despedir
De seu grande amigo João.

Botou a trouxa no ombro
E seguiu o seu destino,
Destino comum a este
Bravo povo nordestino,
Que cumpre desde o seu berço
O fadário *severino*.

Levava no seu alforje
Farinha com rapadura,
Uma cabaça com água,
Amarrada na cintura.
Para quem não tinha nada,
Aquilo era uma fartura.

O estoque de rapadura
Acabou no quarto dia,
Quando Chicó avistou
U'a grande mercearia.
Resolveu ver se ali
Arranjava o que comia.

Entrou e viu uma senhora
Num rutilante vestido.
Chicó disse: – Minha dona,
Ando quase desvalido.
O que tem para comer?
Ela disse: – Ovo cozido...

– Não tem nenhum ovo cru?
– Não! Respondeu a mulher,
Só temos ovo cozido,
Responde logo se quer.
Chicó disse: – Quero sim,
De comer tenho mister.

Depois de comer, Chicó
Explica a situação,
Disse: – Dona, estou migrando
Por causa da precisão.
Na volta lhe pagarei
Esta boa refeição.

Como não tinha mais jeito,
Fizeram um combinado.
Chicó foi para o Recife;
Lá trabalhou alugado –
Com dois anos de serviço,
Já estava equilibrado.

Então, Chicó resolveu
Voltar para o seu sertão,
Pois estava com saudade
Do seu companheiro João.
Cobriu o corpo de andrajos
Para iludir o ladrão.

Retornando, ele passou
Na mesma mercearia,
Mandou chamar a mulher,
Disse: – Sua senhoria,
Eu hoje venho saldar
A conta que lhe devia.

A mulher disse: – Senhor,
Eu vou chamar meu marido,
Que pra tratar de negócio
É muito bem instruído –
E só ele sabe o preço
Daquele ovo cozido.

Nisso chegou o marido,
Um sujeito carrancudo,
Com cento e cinquenta quilos,
Além de feio, pançudo,
E disse: – Senhor cliente,
Eu já multipliquei tudo.

O ovo que tu comeste
Se chegasse a ser chocado,
Uma galinha graúda
Ele teria gerado,
E em breve o patrimônio
Seria centuplicado.

O ovo daria origem
Muitas galinhas de raça,
E galos da mesma estirpe,
Que não se encontra na praça –
Pague dois contos de réis
Que eu ainda acho de graça!...

Chicó falou: – O senhor
Deve ter enlouquecido:
Cobrar dois contos de réis
Por um mero ovo cozido?...
Mas depois pediu um prazo
Por estar desprevenido.

Respondeu o trapaceiro:
– Dou lhe dez dias de prazo;
Por causa do prejuízo,
Não permito mais atraso,
Pois se passar de um dia,
Com sua vida eu arraso!

Chicó foi pra sua casa,
Tristonho e acabrunhado,
Porque dois contos de réis
Era todo o apurado –
Não era justo perder
Tudo o que tinha ajuntado.

João Grilo foi visitá-lo
E achou-o desenxabido.
Perguntou-lhe: – O que é isso?
Conte-me o acontecido.
Chicó explicou a trama
Por causa do ovo cozido.

João Grilo disse: – Chicó
Amanhã cedo nós vamos
Na casa deste embusteiro
E a dívida contestamos,
Na presença de juiz,
Porque com razão estamos.

Prepararam o jumentinho,
Quando amanheceu o dia,
E foram atrás do sujeito
Na estranha montaria;
Com quatro dias depois,
Chegaram à mercearia.

Numa mesa estava uma
Junta de advogados.
Como aves de rapina,
Eles eram contratados
Para arrancar o dinheiro
Dos pobres desavisados.

Chegando à cidade, João
Pediu a Chicó, com urgência,
Para buscar o juiz,
Por ser caso de emergência.
Dizendo: – Hoje eu ponho fim
A essa grande indecência.

João foi à mercearia,
A tal mulher o atendeu.
Ele disse: – Minha dona,
Quero um grande favor seu.
E duas grandes sementes,
Para a trambiqueira deu.

E disse: – As quero torradas.
Ela disse: – Sim, senhor...
Eram sementes de jaca,
Totalmente sem valor.
A mulher foi e torrou-as,
Prestando a João um favor.

Ela torrou as sementes
E as devolveu a João.
Ele disse: — Vá lá fora
E faça uma plantação.
Se elas não germinarem,
Quero indenização.

A mulher correu e foi
Buscar os advogados,
Que, sabendo da *função*,
Levantaram-se vexados,
Para ir buscar a lã,
Mas saíram tosquiados.

João disse: — Quero o valor
Que as sementes renderiam,
Pois em muitos pés de jaca
Elas se transformariam.
Os meus parentes com elas,
Todos enriqueceriam.

Foi entrando o carrancudo.
E disse: — Cale a matraca!
Quem é que já viu semente
Torrada dar pé de jaca?
Só se for em sua terra,
Seu filhote de macaca!

João Grilo disse: — Senhor,
Nesse instante, eu lhe desminto:
A semente de que falo —
E sustento que não minto —
É da mesma terra em que
Ovo cozido dá pinto!

Naquilo entrou o juiz
E deu-lhe toda razão.
O homem pagou a Chicó
Gorda indenização,
E não lesou mais ninguém,
Pois aprendeu a lição.

Chicó dividiu com João
O dinheiro recebido
E jurou que nunca mais
Comeria ovo cozido,
Para evitar de cair
Na unha de outro bandido.

Assim, Chicó e João Grilo
Obtiveram vitória,
Mas hoje só quem estuda
Traça bela trajetória,
Superando os desafios,
Escrevendo a própria história.

Dou por finda esta história
Sobre dois grandes amigos,
Que puderam superar
Os mais terríveis perigos –
Com malícia e com astúcia
Ludibriaram a súcia
Dos seus grandes inimigos.

História de Belisfronte, o filho do pescador

Belisfronte era o meu conto popular favorito. Conheci-o narrado por Luzia Josefina, minha avó. Traz, no enredo, motivos do conto mítico de Apuleio "Eros e Psiquê", de *O asno de ouro*. Escrevi uma versão em cordel, em 2005, mas perdi o manuscrito. Reescrevi a mesma história, conservando algumas estrofes já decoradas. Esta foi a versão publicada na Luzeiro, em 2006.

História de Belisfronte, o filho do pescador

Peço às deusas que habitam
O Reino da Poesia
Que venham em meu auxílio
Dando-me sabedoria,
Para versar uma história
De fé, encanto e magia.

Onde a Fortuna sorri
A quem é merecedor,
Por isso narro este drama
Sobre um moço de valor:
A história de Belisfronte,
O filho do pescador.

Em um longínquo país
Habitava um camponês
Ao lado de sua esposa –
Os seus filhos eram três:
Eram pobres ao extremo,
Não tinham voz e nem vez.

Aquele pobre campônio
Sempre viveu do roçado,
Mas agora o que plantava
Não dava mais resultado;
Como se a Providência
Lhe houvesse abandonado.

Isso porque a semente
Que na terra ele lançava
Em forma de alimento
Ela jamais retornava
E a fome, cruel flagelo,
Toda a família assolava.

O velho então resolveu
Tornar-se um pescador,
A profissão de São Pedro,
Discípulo do Salvador,
Pensando em pôr fim àquele
Quadro desalentador.

E, assim, foi para o rio,
Munido de rede e anzol.
Disse: – Peixe nunca falta,
Faça chuva ou faça sol,
Os ribeiros estão cheios,
Do crepúsculo ao arrebol.

Pacientemente, o velho
Lá ficava todo o dia,
Até que o manto da noite
Aquele vale envolvia,
Mas, para surpresa dele,
Nenhuma piaba havia.

Pouco a pouco o desespero
Ia a esperança minando,
Com o aguilhão da miséria
O pobre velho açoitando.
Ele, então, olhou o Empíreo
E assim foi suplicando:

– Oh, Deus, Pai da humanidade,
Olhai este penitente
A quem a Sorte mesquinha
Mostra-se indiferente!
Enviai um lenitivo
Para meu tormento, urgente!

Pois minha família sofre,
Tendo a fome por algoz!
Senhor, daí da amplidão,
Compadecei-vos de nós!
Quando ele disse aquilo,
No rio, ouviu-se uma voz.

A voz surgida do rio
Disse ao pescador assim:
– Os teus dias de tormento
Já estão chegando ao fim,
Porém teu filho mais velho
Tu deves trazer pra mim.

Portanto, bom pescador,
Joga a tarrafa ligeiro,
Pois em troca do teu filho
Dar-te-ei peixe e dinheiro.
O velho então concordou,
No auge do desespero.

Jogou a tarrafa na água
E ela voltou lotada
De peixes os mais diversos
De água doce e salgada;
E dinheiro pra tornar
Qualquer família abastada.

Com a carga abençoada,
O velho seguiu com pressa,
Dizendo: – Um tempo de paz
E bonança hoje começa...
E, até chegar a casa,
Não se lembrou da promessa.

A sua família, então,
Quase morre de alegria,
Sempre acostumada a vê-lo
Voltar de rede vazia.
Foi preparado um banquete,
Digno duma monarquia!

Quando todos se fartaram,
O pescador se lembrou
Da promessa que fizera
E a tristeza o dominou.
Olhando o filho mais velho,
Desta forma ele falou:

– Filho, toda esta riqueza,
Que estás a contemplar,
Foi uma voz compassiva,
Que me ouviu suplicar
E socorreu-me, porém,
Algo em troca devo dar.

A voz surgida no rio
Fez com que eu lhe jurasse
Que, em troca disso tudo,
Você, meu filho, aceitasse
Ir viver em seus domínios,
Caso você me amasse.

Porém o filho cruel
Disse: – Eu nada prometi.
Meu pai, não queiras pra mim
O que não queres pra ti.
Quem armou a rede, deite –
Estou muito bem aqui!

Mesmo em silêncio, o velho
Perdoou-lhe a ingratidão,
No outro dia, cedinho,
Trespassado de aflição,
Foi em direção ao rio
Exercer a profissão.

Lá chegando, ouviu a voz
Dizer em tom de ameaça:
– Cadê teu filho mais velho,
Fizeste acaso trapaça?
O pobre disse: – Senhora,
Sucedeu uma desgraça!

Pois o meu filho não quis
Cumprir o meu prometido.
A voz, mais calma, lhe disse:
– Diante do acontecido,
Trarás teu filho do meio –
Do contrário, estás perdido!

Pra salvar sua família,
O pescador aceitou,
E tal qual a vez primeira
A rede n'água lançou.
Repetindo-se o milagre,
Pra sua casa voltou.

Mais uma vez foi servida
Uma lauta refeição
Digna da mesa do rei
Da mais fecunda nação!
Mesmo assim, o pobre velho
Mostrava insatisfação.

Vendo que todos notavam
Aquele grande aperreio,
Ele disse: – Esta riqueza
Não foi de graça que veio,
Pois eu prometi à voz
Levar meu filho do meio!

– Vá você que prometeu!
Disse o ingrato rapaz.
Não devia prometer
Se não se sente capaz
De honrar seu compromisso,
Por ser medroso demais!

O velho engoliu a seco,
Bastante contrariado,
E, por ter bom coração,
Abençoou o malvado,
Mas, pensando na promessa,
Passou a noite acordado.

Antes de o Sol despontar,
Foi em direção ao rio,
Quando o mato ainda estava
Molhado pelo rocio.
Lá, ouviu a mesma voz
Perguntar, num tom bravio:

– Por que é que não trouxeste
A mim teu filho do meio?
– Ele ficou assustado,
É por isso que não veio.
A voz disse: – Que vergonha!
Nem todo pau dá esteio!

Contudo, dou-te outra chance
Para que tudo se apronte:
Amanhã, assim que o Sol
Aparecer no horizonte,
Trarás teu filho mais novo,
Que se chama Belisfronte.

– Misericórdia, senhora!
O velho exclamou assim.
– Leva-me, porém não tires
O meu filhinho de mim!
Pois, sem o meu caçulinha,
Minha vida chega ao fim!

Mas, não havendo resposta,
O pescador entendeu
Que era obrigado a cumprir
Aquilo que prometeu –
Jogou a rede no rio,
Novo milagre ocorreu.

O velho foi para casa
Levando enorme riqueza,
Porém na alma conduzia
Melancolia e tristeza,
E foi com esse espírito
Que todos sentaram à mesa.

Belisfronte, percebendo
Do pai a inquietação,
Indagou-o do motivo
De tal preocupação.
O velho então lhe contou
O motivo da aflição.

Depois lhe disse: – Meu filho,
Devo cumprir meu destino,
Pois não posso permitir
Que você, quase um menino,
Venha pagar por seu pai
O preço de um desatino.

Mas o moço disse: – Pai,
Devo seguir o meu fado,
Porque este é o caminho
Que foi pra mim reservado,
Não sou eu que deixarei
O teu nome desonrado.

Irei receber o prêmio
Ou o castigo da sorte,
Pois os caminhos da vida
Só nos conduzem à morte,
Que é de todos os homens
A derradeira consorte.

Dizendo isso, recolheu-se
E dormiu na mesma hora
O sono que os justos dormem.
Ao despertar, viu lá fora
O céu tingido de rosa
Pelas mãos da deusa Aurora.

Então, apanhou uns trapos,
Com denodo e desassombro,
Daquilo fez uma trouxa
Jogou em cima do ombro,
E, em direção ao rio,
Seguiu, sem qualquer assombro.

O pai o seguiu de longe
Até a beira da ponte.
Lá, o moço ouviu a voz
Dizendo a ele: – Se apronte,
Feche os olhos para entrar
No meu reino, Belisfronte!

O rapaz fechou os olhos,
Porém, depois que os abriu,
Num palácio magnífico
No mesmo instante se viu.
Uma voz lhe disse: – Sente-se...
Mas ele apenas a ouviu.

Aquele palácio era
De esmeraldas ladrilhado,
Várias pedras preciosas
Ornavam o lindo telhado,
Sustentado por colunas
De um branco imaculado.

A beleza do lugar
Descrevê-la é impossível,
Nem a morada dos deuses
Se achava naquele nível!
Mas a senhora dali
Para o moço era invisível.

Belisfronte percebia
Sempre a presença de um vulto,
Que lembrava um belo ser
Por um encanto oculto.
Mas por não vê-lo ficava
Como um completo estulto.

O salão era invadido
Por uma harpa sonora,
Que somente no Helicon,
Onde Calíope é senhora,
Era possível se ouvir
Melodia tão canora.

Havia uma mesa posta
Com muita comedoria.
A voz convidava o moço,
Que de tudo se servia.
Depois que se alimentavam,
A grande mesa sumia.

A voz que estava com ele
Quando se alimentava,
A comida que ingeria
No ar se evaporava.
Depois, o ser encantado
Com o rapaz palestrava.

À noite, quando ele era
Dominado pelo sono,
Na cama em que se deitava,
Ouvia um leve ressono
O moço, mesmo no leito,
Não ficava em abandono.

Naquela doce rotina,
Os anos foram passando
E Belisfronte, sentindo
A saudade lhe apertando,
Foi até a "companheira"
E disse, quase chorando:

– Há exatos sete anos
Que me mudei para cá,
E não sei em qual estado
A minha família está.
Venho implorar-te, senhora:
Permissão para eu ir lá!

A voz queria negar,
Mas pra não vê-lo sofrer,
Disse: – Deixo você ir,
Se antes me prometer
Não trazer de casa nada
Que a mamãe oferecer.

– Não aceitarei presente,
Belisfronte assim falou.
A voz disse: – Feche os olhos...
O moço logo os fechou.
Sentindo leve vertigem,
Em terra firme se achou.

E para a casa dos pais
Seguiu, com passo apressado,
Mas, ao chegar ao local,
Ficou bastante assustado,
Pois no lugar da choupana
Havia um lindo sobrado.

Quando pisou no estrado,
O pai o reconheceu,
Já foi gritando: – Aleluia!
O meu filho não morreu!
Nisso o resto da família
No batente apareceu.

Belisfronte não cabia
Mais em si de ansiedade.
Abraçou sua família,
Com grande felicidade,
Aplacando, dessa forma,
Sete anos de saudade.

O pescador lhe contou
Como tinha enriquecido
Com o dinheiro que foi
Pela voz oferecido.
Mesmo assim, era infeliz,
Julgando-o já ter morrido.

Belisfronte então narrou
Toda aventura vivida,
Do castelo magnífico
Da dona desconhecida,
Despertando nos irmãos
A inveja adormecida.

No dia de ele ir embora,
A sua mãe disse assim:
– Leva contigo estes fósforos
Com mais este trancelim,
E guarda-os num bolso interno
Que cosi para esse fim.

Pode ser que tu habites
Com um monstro no degredo!
Então, quando anoitecer,
Deves acender, sem medo,
O trancelim para que
Desvendes todo o segredo.

O moço se despediu
E depois seguiu seu trilho.
Os pais, com muita tristeza,
Abençoaram o filho,
Rogando a Deus que o destino
Não lhe impusesse empecilho.

Inda viram Belisfronte
Sumir na curva da estrada.
O moço seguiu seu rumo,
Com uma ideia formada:
De desvendar o segredo
Envolvendo a sua amada.

Chegando à beira do rio,
Ele disse: – Aqui estou...
– Fecha os olhos, disse a voz.
O moço os olhos fechou.
Só os abriu no palácio,
Cuja luz o deslumbrou.

E ficaram palestrando
Até que a noite caísse.
Ambos foram se deitar,
Sem que a moça descobrisse
Que ele a desobedeceu
E, inocente, dormisse.

Belisfronte, percebendo
Que ela estava ressonando,
Apanhou o trancelim
E o fósforo foi riscando;
Com extrema precaução
Dela foi se aproximando.

Encostando o trancelim,
Viu um rosto de donzela,
Que não havia no mundo
Outra que fosse tão bela –
Até Helena de Troia
Perdia feio pra ela!

Quando Belisfronte a viu,
Ficou tão encabulado,
Que quem o visse diria
Ter sido hipnotizado,
Porque contemplava um ser
Por mão divina formado.

Era sonho, era verdade?
Coitado! já nem sabia.
Não percebeu que a cera
Do trancelim derretia
E no rosto da donzela
Um pingo quente caía.

A moça então despertou
E disse, cheia de espanto:
– Belisfronte, seu ingrato,
Tu dobraste o meu encanto!
Agiste como um demônio,
Dentro da roupa de um santo!

O rapaz saiu do transe,
Mas não podia falar.
Ela disse: – Pois agora
Tu tens de me procurar
No reino do Fim do Mundo,
Onde vão me encarcerar!

Estarei prisioneira
De um espírito iracundo,
Um gigante, que é monarca
Do reino do Fim do Mundo,
De natureza imortal,
Como o anjo vagabundo!

Eu sou a princesa Bela,
Posso agora revelar;
Fui vítima de um encanto
Que iria se quebrar,
Se essa curiosidade
Conseguisses dominar.

Faltava apenas um dia
Pra terminar o feitiço.
Por que tu, que eu amo tanto,
Traíste o teu compromisso?
Responde, ingrato, responde:
Por que me fizeste isso?!

O moço, banhado em prantos,
Tentou lhe dar um abraço,
Porém a moça sumiu,
E ele abraçou o espaço,
Quando um gemido de dor
Ecoou por todo o paço.

Assim que a moça sumiu,
O palácio evaporou
E sobre uma balsa velha
Belisfronte se encontrou.
Não estava mais no rio –
No meio do mar se achou.

O pobre moço ficou
Confuso e desesperado,
Ouvindo o grande bramido
Do oceano encapelado,
Que parecia dizer-lhe:
Tu de tudo és o culpado!

Vendo-se quase sem forças,
Belisfronte disse assim:
– Oh, Deus, Senhor do Universo,
Olhai agora pra mim,
Tirai-me já deste pélago
Ou abreviai meu fim!

Mal terminou de falar,
Viu surgir um ancião
Andando por sobre as ondas,
Como se fosse no chão,
Que lhe disse: – Me acompanhe...
O meu nome é São Simão.

O velho era um enviado
Da Divina Majestade,
Que trazia pra o rapaz
Mais uma oportunidade
De buscar a redenção,
A paz e a felicidade.

Ele, olhando Belisfronte,
Disse: – Filho, dá-me a mão.
O rapaz então seguiu
Os passos de São Simão,
Bendizendo a Providência,
Que lhe trouxe a salvação.

Quando pisaram em terra,
Belisfronte procurou
O velho pra agradecer,
Porém não mais o achou.
Radiante de alegria,
Sua busca começou.

Andou até se cansar
E foi parar numa brenha,
Onde avistou um leão
Encostado numa penha.
O leão disse pro moço:
– Amigo, pra perto venha...

Belisfronte teve medo
De no leão encostar,
Mas a fera disse: – Moço,
Não precisa se assustar.
No estado em que me encontro
A ninguém posso matar!

O rapaz se aproximou –
Então viu a desgraceira,
Pois sobre o pobre animal
Havia enorme bicheira,
Com um turbilhão de larvas
Roendo a sua moleira!

Belisfronte conhecia
As ervas medicinais;
Delas, ele retirou
Os extratos naturais
Com os quais curou as chagas
Do mestre dos animais.

Quando o leão se viu livre
Daquelas putrefações,
Disse: – Moço, se algum dia
Estiver em confusões,
Basta chamar-me dizendo:
Valha-me o Rei dos Leões!

Deixando o leão curado,
O moço seguiu andando...
E, após longa caminhada,
Viu uns animais brigando
Por causa de uma carniça
Que estavam disputando.

Uma carcaça de vaca
Motivou a discussão
Entre urubus e formigas
E, naquela ocasião,
Escolheram Belisfronte
Para arbitrar a questão.

O moço então lhes falou:
– Acabem já estas brigas,
Pois, a partir deste dia,
Para findar as intrigas,
A carne é dos urubus,
E os ossos são das formigas.

A solução encontrada
Para os dois lados fez jus;
A ave negra falou:
– Meu bom moço, por Jesus,
Quando estiver em apertos,
Chame o Rei dos Urubus.

Depois uma formiguinha
Lhe disse: – Pode chamar
Este seu menor criado,
Quando em apuros se achar:
Valha-me o Rei das Formigas!
Que eu vou lhe auxiliar.

E desde esse tempo, os bichos
Seguem a instrução do moço:
O urubu come a carne,
A formiga rói o osso.
Dizem que foi Belisfronte
Que pôs fim ao alvoroço.

Depois de ajudar os bichos,
Prosseguiu sua jornada
Ao reino do Fim do Mundo
Em busca de sua amada,
Quando avistou numa fonte
Uma velha encarquilhada.

Ele então se aproximou,
Esperançoso, da fonte,
Onde a velha, interpelada,
Respondeu a Belisfronte:
Bela era prisioneira
Em um palácio defronte.

Ele aí se apercebeu
Que quando o santo o salvou
Da fúria do oceano,
No Fim do Mundo o deixou.
A mesma velha da fonte
Sobre tudo lhe informou.

Disse ela: – Meu netinho,
Vou contar tudo que sei:
A moça que tu buscas é
Prisioneira do rei,
Que quer casar-se com ela,
Pois sua vontade é lei.

Estás vendo aquela torre,
Alta como o firmamento?
Ali fica a tal prisão
Onde o monarca agourento
Encerrou a pobre moça
Pra forçar o casamento.

Exultante, Belisfronte,
De posse da informação,
Agradeceu à velhinha
E seguiu na direção
Da torre, que para Bela
Servia como prisão.

Vendo que não tinha jeito
De a fortaleza galgar,
Gritou: – Rei dos Urubus,
Venha agora me ajudar!
No mesmo instante ele viu
Um grande urubu chegar.

A ave foi perguntando:
– O que quer comigo, moço?
– Que me leve àquela torre
Que serve de calabouço.
E montou no urubu,
Que alçou voo, sem esforço.

Ao pináculo da torre
O urubu o levou.
Lá em cima, Belisfronte
Novamente se afobou,
Pois não tinha como entrar –
Então de novo gritou:

– Valha-me o Rei das Formigas,
Com a sua proteção!
Mal ele fechou a boca,
Viu chegar de supetão
A formiga perguntando
O motivo da aflição.

Belisfronte expôs a causa
De sua grande tristeza,
Dizendo: – Eu preciso entrar
No aposento da princesa!
Nisso virou-se em formiga,
Mudando de natureza.

Ele desceu a parede
E chegou numa janela,
Transformado em formiguinha,
Passou por debaixo dela,
Chegando perto da cama
Onde repousava Bela.

Quando tocou o assoalho,
Retomou a forma antiga,
Mas quando chamou por Bela
A moça, em grande fadiga,
Gritou tanto que ele teve
De voltar a ser formiga.

Pois Bela de Belisfronte
Há muito havia esquecido
E, ao ver aquele "estranho"
No quarto dela metido,
Gritou: – Rei, vem me acudir,
Pois aqui tem um bandido!

Sob uma perna da cama,
A formiga se ocultou;
Com o candeeiro na mão,
O rei correndo chegou,
Ralhando muito com Bela,
Que tão tarde lhe acordou.

Bela disse: – Rei, aqui
Entrou um desconhecido,
Pode ser aleivosia
De algum ente desvalido,
Ou alma do Purgatório
Querendo fazer pedido!

O rei vasculhou o quarto,
Mas não encontrou viv'alma;
Disse: – Bela, vá dormir.
Procure manter-se calma,
Pois aqui não há ninguém
Pra causar todo esse trauma!

Quando o rei velho saiu,
O rapaz, desconfiado,
Virado numa formiga,
Escafedeu-se vexado,
Pois, se fosse descoberto,
Estava morto e enterrado!

Na segunda noite, o moço
Obrou a mesma proeza:
A ave o levou à torre
Onde Bela estava presa.
E ele, virado em formiga,
Foi ao quarto da princesa.

Mas assim que ele voltou
À sua forma normal,
Que tentou falar com Bela,
A moça, passando mal,
Gritou: – Rei, vem me acudir
Desse espírito infernal!

Escutando a barulheira,
O rei acordou ligeiro,
Foi ao quarto da princesa,
Tendo à mão o candeeiro,
Mas do "espírito" não tinha
Indício nem paradeiro.

Disse o rei: – Minha princesa,
Você deve ter sonhado.
Mas Bela lhe disse: – Eu vi
Um sujeito do meu lado,
Chamando pelo meu nome,
Fazendo mal-assombrado!

Belisfronte novamente
Do quarto se escafedeu;
Com a ajuda do urubu,
Da alta torre desceu.
Mesmo nada conseguindo,
Ele não esmoreceu.

Assim, na terceira noite,
Da mesma forma ele fez:
Chamou o Rei Urubu,
Que chegou, com rapidez,
E o conduziu à torre,
Como da primeira vez.

E, transformado em formiga,
Desceu ao quarto de Bela.
Assumindo a forma humana,
O rapaz disse pra ela:
– Bela, sou eu, teu amado,
Vim livrar-te desta cela...

Não sabes o que eu penei
Pra chegar até aqui,
Os sacrifícios que fiz
Para estar perto de ti?!
Por favor, nunca me esqueças,
Pois eu jamais te esqueci!

Quando a moça despertou,
Relembrou a sua história,
Desvanecendo o feitiço
Que lhe turvava a memória;
Abraçou o seu amado
Nesse momento de glória.

E foram tantos os beijos
E abraços apertados,
Recuperando, assim,
Com juros os atrasados,
Em que um fado adversário
Os manteve separados.

Mesmo que o momento fosse
De grande felicidade,
O moço recobrou logo
A sua serenidade,
E disse para a amada,
Com muita tranquilidade:

– Oh, Bela, eu sei que esse rei
Esconde um grande segredo.
E tu irás descobri-lo,
Mais tardar, amanhã cedo,
Pois só assim poderei
Livrar-te desse degredo.

A moça disse: – Está certo,
Se algum mistério houver,
Eu garanto desvendá-lo,
Dê o caso no que der,
Porque não há quem escape
Da astúcia duma mulher!

Belisfronte despediu-se,
Ao canto da cotovia,
Deixando a bela princesa
Presa naquela enxovia,
Esperando desvendar
O mistério no outro dia.

Logo que o carro do Sol
Apontou no firmamento,
O rei foi procurar Bela
Pra tratar do casamento.
A moça aí percebeu
Que era chegado o momento.

O rei disse: – Minha fada,
Eu lhe trago uma proposta,
Mas digo de antemão:
Quero o *sim* como resposta,
Porque já faz muito tempo
Que a mim você desgosta!

Marquei nosso casamento
Para a semana que vem,
Porque um rei sem rainha
É coisa que não cai bem,
E uma moça tão bonita
Ser solteira não convém.

Bela lhe disse: – Concordo.
À tua vontade eu cedo,
Mas antes quero que tu
Me reveles teu segredo
Para que entre nós dois
Não haja nenhum enredo.

Quando o rei ouviu a moça
Falando daquele jeito,
Disse: – Bela, há algo aqui
Que me parece suspeito,
Mas se é essa a condição,
A sua proposta aceito.

Levou a moça à janela
E apontou para a serra,
Disse: – Naquela montanha
Grande serpente se encerra:
É o monstro mais feroz
Que há na face da terra!

Só lhe conto o meu segredo,
Porque não há um vivente
Neste mundo que consiga
Derrotar minha serpente,
Que tem o hálito de fogo
E brasa incandescente!

Mas mesmo que alguém consiga
Derrotar essa quimera,
Tem uma caixa de bronze
No bucho dessa megera;
Na caixa tem uma porca
Mais feia que a besta-fera!

Na barriga dessa porca
Tem uma pomba amarela;
Dentro da pomba há um ovo;
Dentro do ovo, uma vela.
O fogo que me mantém
Vivo é o que queima nela.

Se houver um cabra-macho
Que a essa serpente vença:
O meu corpo é invadido
Por uma grave doença;
E se a caixa for quebrada,
A morte assina a sentença!

Morta a porca, eu sentirei
Dores em todo lugar;
Se a pombinha morrer,
Sinto o fôlego faltar;
Quebre o ovo e apague a vela,
Depois mande me enterrar!

Mas, como já lhe alertei,
A serpente é invencível.
Vencê-la pra um cristão é
Uma missão impossível –
De quem tentar enfrentá-la
O seu fim será horrível!

E, já que entre nós dois,
Não há segredo, afinal,
Com sua permissão, irei
Encomendar o enxoval,
Para um casamento digno
Da majestade real.

Ao dizer isso, saiu,
Deixando a moça trancada.
Bela disse: – Desgraçado,
Caíste em minha cilada,
A tua vaga no inferno
Já pode ser reservada!

Às onze horas da noite,
Belisfronte apareceu.
Na forma duma formiga
Pela parede desceu,
Foi para junto da amada,
Que, sorrindo, lhe acolheu.

Quando matou a saudade
De um dia inteiro ausente,
Bela narrou ao rapaz
O enredo da serpente,
Pois tudo que o rei lhe disse
Tinha gravado na mente.

O moço, de tão contente,
Disse, já meio absorto:
– O maldito rei já pode
Abrir a cova no horto,
Pois quando eu soprar a vela,
O diabo estará morto!

E despediu-se da moça,
Que desejou boa sorte,
Dizendo: – Meu grande amor,
Que Deus te livre da morte,
Ilumine os teus caminhos
E torne o teu braço forte!

Belisfronte inda dormiu
O sono reparador,
Sob uma árvore copada,
Que foi manto protetor
Para ele até que Apolo
Surgisse com seu calor.

Assim que o Astro-Rei
Trouxe o dia em sua luz
O moço disse: – Me valha,
Grande Rei dos Urubus!
Leve-me naquela serra
Se a isso eu fizer jus.

O urubu foi deixá-lo
Perto duma penedia.
Foi quando ele percebeu
Que toda a serra tremia;
Entendeu no mesmo instante
Que a tal serpente descia.

Os urros daquele monstro
Faziam tremer o chão;
Belisfronte preparou-se,
Com sua espada na mão,
Quando se viu frente a frente
Com o terrível dragão.

Aí o moço sentiu
Que não tinha qualquer chance:
Derrotar aquela fera
Não estava ao seu alcance.
A sorte jogou os dados,
E só lhe restava um lance.

Ele, vendo aquele monstro
Em todas as direções
Vomitando fogo rubro,
Gritou, a plenos pulmões:
– Neste momento fatídico
Valha-me o Rei dos Leões.

O Rei Leão, num instante,
Aparece em sua frente,
Trazendo seus companheiros,
Um bando muito potente,
Que em dois minutos de luta
Estraçalhou a serpente.

Com o punhal Belisfronte
Abriu aquele dragão;
E de dentro das entranhas
Puxou um grande caixão,
Que foi logo espedaçado
Com um tapa do Leão.

Assim que os leões mataram
A diabólica serpente,
O rei, que estava sadio,
No instante caiu doente,
Dizendo: – Oh! Bela, ingrata,
Me falseou certamente!

Quebrado o caixão de bronze,
A grande porca fugiu,
Mas o rapaz agarrou-a
E a barriga dela abriu,
Mas, por um descuido seu,
A pombinha escapuliu.

Quando a pombinha fugiu,
O rei sentiu uma melhora.
Belisfronte, agoniado,
Por ela ter ido embora,
Gritou: – Rei dos Urubus,
Valha-me nesta má hora!

Em cerca de três minutos,
O urubu apontou
Com a pombinha nas garras
E a Belisfronte entregou –
O moço matou a pomba,
De dentro o ovo tirou.

Foi quando o rei, já nas últimas,
Inda tentou matar Bela;
O rapaz quebrou o ovo,
Depois apagou a vela.
O rei soltou um rugido
E esticou a canela.

Bela olhou pela janela,
Viu Belisfronte chegar
Escanchado no urubu,
Da prisão a libertar,
Para se casar com ela
E ser o rei do lugar.

Em cinco dias estava
Com a princesa casado,
Do reino do Fim do Mundo
Ele foi rei aclamado
E buscou sua família
Para viver do seu lado.

Quanto aos animais que nunca
Deixaram o moço na mão,
Eram gênios enviados
Para lhe dar proteção,
Como os cães que auxiliaram
Juvenal contra o Dragão.

De uma nobre linhagem
Foi Belisfronte ancestral,
Em altivez e justiça
Jamais houve rei igual:
Era a própria consciência
Portando o cetro real.

Hoje ainda se comentam
As façanhas do rapaz,
Um monarca valoroso
Reinando sobre os demais,
Eternizado na história,
Levando seu nome à glória
Indo colher na vitória
Os frutos da Santa Paz.

A briga do major Ramiro com o Diabo

Ramiro José de Faria (1887-1966), meu bisavô paterno, na Ponta da Serra, localidade onde eu nasci, e nos arredores do sertão de minha infância, virou lenda. São muitas as histórias em que, em seu ofício de curandeiro, devolveu a sanidade a loucos e salvou da morte certa muitos doentes. Famoso também por sua valentia, foi perseguido pelo dr. Franco Fernandes, um primo distante, primeiro médico a clinicar em Bonito (hoje Igaporã), povoação próxima a Barreiro, onde o major residia. No presente texto, no entanto, recorri à imaginação para narrar um encontro do major Ramiro com o Diabo, metamorfoseado num gato preto. Como deixo claro no texto, o episódio foi narrado por minha avó Luzia, embora, no cordel, todos os diálogos tenham sido criados por mim, seguindo a fórmula das histórias tradicionais de pelejas com o demo. Foi publicado pela editora Luzeiro, em 2006.

A briga do major Ramiro com o Diabo

Peço licença ao leitor
Pra narrar este relato
Contado por minha avó;
Portanto não é boato,
Em que o Diabo aparece
Na forma dum horrendo gato.

No tempo em que Igaporã
Ainda era um distrito
Da vizinha Caetité
E era chamado Bonito,
Na fazenda do Barreiro
Deu-se um enredo esquisito.

No ano de oitenta e sete
Do dezenove nascia,
De tradicional família,
Ramiro José Faria.
Foi o maior taumaturgo
Que já viveu na Bahia.

A sua mãe era Angélica
E o seu pai, Ladislau.
Ele era quase um santo;
Ela tinha um gênio mau,
Vivia rogando pragas,
Era pior que um lacrau!

Ladislau vivia orando,
Por ser muito devotado,
Enquanto a esposa Angélica
Lhe dizia: – Excomungado,
Pra que perder tanto tempo,
Sem ter nenhum resultado?!

Vou narrar agora um fato
Que com Angélica ocorreu,
Estando ela em gravidez,
Algo estranho aconteceu,
Ouviu-se choro em seu ventre,
Até que o bebê nasceu.

A criança que nasceu,
Guiada pelo destino,
Constatando-se que era
Do gênero masculino,
Foi chamada de Ramiro,
Nome mais que genuíno.

Desde cedo apareceram
Os seus dons especiais,
Aprendeu todos segredos
Das ervas medicinais,
No rifle e no clavinote
Não conhecia rivais.

Veio a mocidade e ele
Com Elvira se casou.
Em novecentos e sete
Um rebento lhe chegou –
Foi Joaquim, o primogênito,
Que ao casal alegrou.

Logo outros filhos vieram
Para a alegria dos dois,
A patente de major
Veio a Ramiro depois,
Portanto não botarei
O carro avante dos bois.

Então, nesta narrativa
Eu irei me dedicar
Ao motivo pelo qual
Veio Ramiro a ganhar
A fama de milagreiro,
Famoso em todo lugar.

Assim o major Ramiro
Toda a arte conhecia;
Já dominando os segredos
Dos grimórios de magia,
Tinha noções de cabala,
Rudimentos de alquimia.

Na sua biblioteca,
Os livros sobre ocultismo
Tinham lugar destacado,
Mas era o Cristianismo
A fé que o animava
A lutar contra o abismo.

Todos os tipos de reza
O major já dominava;
Não fazia distinção,
Reza boa ou reza brava –
Em todo canto e lugar
Seu nome já se falava.

Aos poucos foi se espalhando
A fama de curador;
Pois a medicina, ali,
Inda não tinha valor;
Todos buscavam o major,
Com muita fé e fervor.

E desta forma os doentes
Chegavam de toda parte,
E o major os ajudava,
Se valendo de sua arte,
Num tempo em que imperava
A boca do bacamarte.

O doutor Franco Fernandes,
Que, na época, trabalhava
Como médico no Bonito,
Grunhia, se lamentava,
Porque nenhum paciente
Ao coitado procurava!

Já em busca do major
Acorria multidão
De pessoas oriundas
Do mais distante grotão –
Quem lá chegava doente
Voltava pra casa são.

Mas o major também era
Famoso por ser valente,
Não tinha valentão que
Não tremesse em sua frente.
Dizia: – Não tenho medo
Nem de alma, nem de gente!

Corriam os anos 30,
Quando esse fato se deu:
O manto escuro da noite,
Todo o Barreiro envolveu.
Era meia-noite em ponto
Quando isso aconteceu:

Toda a família Faria
Havia se recolhido,
Quando na porta da frente
Ouviu-se grande alarido,
Que o major até pensou
Que fosse um seu conhecido.

Gritou: – Major, abre a porta,
Que eu necessito entrar!
Ramiro conseguiu logo
A voz identificar;
Disse: – Já vou, Marcolino,
Não precisa mais gritar!

Quando ele abriu a porta,
Tomou um susto danado,
Pois à sua frente estava
Um gato preto postado,
Com olhos da cor de brasa,
De tamanho agigantado.

Major Ramiro assustou-se
Ao ver aquela pantera,
E, no instante, percebeu
Que aquele monstrengo era
Um enviado das trevas,
Da raça da besta-fera.

Major Ramiro gritou:
– Vai-te daqui, catingoso,
Para trás, espírito mau,
Desprezível e odioso!
Aqui não lograrás nada,
Pois Deus é Pai poderoso.

O gato deu um rugido
Que todo mundo acordou,
Disse: – Eu vim aqui buscar-te,
A tua hora chegou!
Respondeu Ramiro: – Sai!
Aqui ninguém te chamou.

Após cuspir duas brasas,
O gato disse: – Major,
Neste mundo eu sou o príncipe,
Não existe outro maior.
Quem quiser que se arrisque,
Mas vai levar a pior!

O major disse: – Demônio,
Te esconjuro, desgraçado,
Só estás aqui porque
Teu laço foi afrouxado,
Pois pela mão do Eterno
Tu vives subjugado.

Disse o capeta: – Ramiro,
De ti tenho muito dó,
Não foi acaso o Eterno
Que mandou eu tentar Jó,
Despojando-o de tudo,
Deixando-o tristonho e só?

– Jó sofreu grande infortúnio,
Porém teve recompensa,
E tu foste derrotado,
Mensageiro da doença!
Não venhas me iludir,
Pois disto tenho sabença.

Falou o monstro: – Porém
Contar-te outra preciso:
Se o Rei não permitisse,
Nunca eu teria juízo
De entrar e tentar Eva,
Privando-a do Paraíso.

– Dos desígnios do Senhor
Não tens a capacidade
Para tirar conclusões,
Pois não sabes da verdade:
Graças à falta de Eva
É que existe a humanidade.

– Ramiro, estás delirando
E precisas de uma luz:
Por que o teu Deus mandou
À terra o filho Jesus,
Pra morrer inutilmente,
Pendurado numa cruz?

– Maldito, disse o major,
Carece de explicação:
Três dias Jesus esteve
Na tenebrosa mansão,
Resgatando, desta forma,
Os descendentes de Adão.

– Então responde, major,
Se o teu Deus nunca erra,
Por que é que nesse mundo
Há tanta maldade e guerra?
Por que Ele não extirpa
O mal da face da terra?

Responde, meu bom amigo,
Por que há tantos ladrões?
Os pobres desabrigados
E os ricos nas mansões.
Por que Deus permite isso,
Se seus desígnios são bons?

Disse Ramiro: – Caíste
Em contradição, tinhoso,
Pois o homem tem arbítrio
Dado pelo Poderoso:
Quem vive feliz na terra,
Dorme num leito enganoso.

Nesta vida é o homem quem
Cava a sua sepultura,
Quem envenena sua alma
Com cálice de amargura
Ou transita pela estrada
Da bonança e da ventura.

– Ramiro, sabes quem foi
Lutero, o pai da reforma,
Que se insurgiu contra Roma
Por recusar sua norma?
Ouve bem minha pergunta
E vê se não a deforma:

Lutero uniu-se aos príncipes
Arrogantes, renitentes,
Que massacraram cem mil
Camponeses inocentes –
Se Deus ama a humanidade,
Porque deu "asa" a tais entes?

– Belzebu, eu já te disse:
Não estou autorizado
A interpretar os desígnios
De Deus, Pai Sacramentado,
Porque da loucura humana
O homem só é culpado.

Portanto, filho da noite,
Da minha porta te arreda,
E volta para o lugar
Que ganhaste após a queda –
Porque comigo encontraste
Os dois lados da moeda!

Vendo que com ilusões
Não conseguia vencê-lo,
O gato preto cresceu
E eriçou todo o pelo,
Que até o bravo major
Arrepiou o cabelo!

O gatão avançou nele,
Mas Ramiro se livrou,
Agarrado c'uma tranca
Pelo tinhoso esperou –
Acertou-o com muita força,
Mas ele nem se abalou.

Nisto ouviu um grande urro,
Foi aquele pandemônio,
E no seu peito sentiu
Duas garras do demônio.
Aí Ramiro gritou:
— Valha-me, meu Santo Antônio!

Mas naquela hora o monstro
Sentiu tremenda aflição,
Pois seus olhos depararam
Com um sino Salomão,
Que o fez sentir vertigem
E prostrar-se sobre o chão.

Ramiro rezou o ofício
Da Virgem Nossa Senhora,
O gatão perdeu poder,
Porém não quis ir embora,
Depois que acabou a reza
Ele sentiu uma melhora.

— Ramiro, deixa eu entrar
Pra levar tua família,
Vais ver que a minha casa
Tem uma bela mobília —
Mas não chame por São Brás,
E nem por Santa Cecília.

— Satanás, tu te retiras,
Em nome do Bom Jesus,
Volta para os teus domínios,
Obedece a Santa Cruz —
Não me incomodes jamais,
Destituído de luz!

Toda vez que ele tocava
Nos nomes abençoados,
O monstro preto cuspia
Fogo pra todos os lados –
Fazendo a terra tremer
Com pavorosos miados!

E o major continuava
Descendo a tranca no brabo,
A cada oração, o bicho
Tremia da cuca ao rabo,
Mas ele estava cansado
De pelejar com o diabo.

Ramiro então exclamou:
– Oh, Virgem da Conceição,
Neste momento de dor,
Peço vossa inspiração –
Para que mande de volta
Para o abismo este cão!

Começa então a rezar,
Num tom alto e fervoroso,
E dizendo: – Eu creio em
Deus Pai Todo-Poderoso –
Nisto atingiu com a tranca
A testa do catingoso.

O gato preto explodiu,
Dali desapareceu.
Na hora o cheiro de enxofre
No espaço recendeu.
Ramiro, mesmo cansado,
Ao inimigo venceu.

Levou inda muitos dias
Para a catinga sumir,
Ramiro foi se deitar,
Pouco conseguiu dormir,
Mas o demônio jamais
Voltou a lhe perseguir.

Foi a minha avó Luzia
Quem esta história contou,
Mas se alguém duvidar
Do poeta que a narrou,
Saiba aqui que eu não deliro,
Pois esse major Ramiro
De fato é meu bisavô.

Honestamente narrei
A tenebrosa história:
Um grande duelo onde
Ramiro teve a vitória
E, assim, tornou-se lenda,
Laureado pela glória,
Imortalizado para
Os que o guardam na memória.

História da Moura Torta

Mais um conto de minha infância que verti para o cordel. A história, difundida no mundo inteiro, consta do *Pentamerone*, de Basile, dos *Contos de Grimm* e figura nas antologias de contos tradicionais de Portugal como "As três cidras de amor." Na versão em cordel, preservei os elementos básicos, dosando o enredo do conto de magia com alguma jocosidade. Teve duas edições em cordel: a primeira, de São Paulo, foi publicada pela Luzeiro, 2006. A segunda integrou a caixa temática *12 contos de Cascudo em folhetos de cordel*, da editora Queima Bucha, de Mossoró (RN), publicada em 2007.

História da Moura Torta

Oh, Deusa da poesia,
Meu verso agora te exorta,
Do Reino da Inspiração
Abre-me a sagrada porta
Para eu versar a famosa
História da Moura Torta.

Num reino muito distante
Houve um monarca afamado,
Pai de três belos rapazes,
Orgulho do tal reinado.
O rei, por possuir tudo,
Vivia bem sossegado.

Porém o filho mais velho,
Que se chamava Adriano,
Certo dia foi ao pai,
Com um desejo insano
De conhecer outras terras,
Além das do soberano.

O rei lhe disse: – Meu filho,
Aqui não lhe falta nada...
O mundo, pra quem não sabe,
É uma grande cilada;
Tire da sua cabeça
Esta ideia tresloucada.

O moço disse: – Meu pai,
Já escolhi meu roteiro.
O rei lhe disse: – Então vá,
Mas tem de escolher primeiro:
Muito dinheiro sem bênção,
Muita bênção sem dinheiro.

Disse o moço: – Bênção não
Enche o bucho de ninguém!
Não sou doido de sair
De casa sem um vintém.
Eu quero é muito dinheiro,
Pois bênção não me convém.

O rei deu para o rapaz
A sua parte da herança.
Ele saiu pelo mundo,
Sem achar que fez lambança.
Na embriaguez da orgia
Gastou tudo sem tardança.

Assim, voltou para casa,
Muito roto e maltrapilho.
O rei, que era bondoso,
Inda recebeu o filho;
Porém o filho do meio
Quis seguir no mesmo trilho.

O filho do meio tinha
O nome de Cipião;
Este também foi ao pai
Para pedir permissão
Pra conhecer outras terras
Além daquela nação.

O moço disse: – Meu pai,
Agora é a minha vez.
Mas o velho disse: – Filho,
Deixe desta insensatez!
Não vá fazer mais tolice
Como Adriano já fez.

Como não o demovia,
O rei perguntou, ligeiro:
– Queres dinheiro sem bênção?
– Queres bênção sem dinheiro?
O infeliz Cipião
Fez igualmente ao primeiro.

O moço lhe disse: – Eu quero
Dinheiro em demasia,
Bênção e chuva no mar
Não têm qualquer serventia!
E sem a bênção paterna
Viajou no mesmo dia.

O rapaz pagou bem caro
O preço da imprudência,
Pois perdeu todo o dinheiro,
E, ficando na indigência,
Voltou pra casa esmoler,
Implorando ao rei clemência.

O rei recebeu o filho,
Pois tinha bom coração,
Mandou servir um banquete
Ao indigno Cipião,
Que, ao recusar a bênção,
Sucumbiu à maldição.

Passados uns onze meses,
Foi o rei interpelado
Pelo seu filho caçula,
Que estava interessado
Em conhecer outras terras
Para além de seu reinado.

Então, o jovem Hiran
Foi procurar o seu pai,
Mas ele disse: – Meu filho,
Sinto, mas você não vai,
Pois quem procura o abismo,
Tarda, mas um dia cai!...

O moço disse: – Meu pai,
Aos meus irmãos permitiste.
Se me recusares isto,
Eu ficarei muito triste
Por não conhecer o mundo
Que além daqui existe.

O rei retrucou: – Hiran,
Teus irmãos já viajaram;
Tudo a que tinham direito
Na orgia dilapidaram.
Quando *estragaram* tudo,
Na indigência voltaram.

Hiran disse: – Meu bom pai,
Sempre fui obediente,
Mas tenho necessidade
De correr o mundo urgente.
Contudo, eu lhe asseguro:
Desta vez é diferente.

O rei lhe disse: – Está bem,
Mas tenho de perguntar:
Tu queres muito dinheiro,
Mas sem eu lhe abençoar?
Ou vais querer muita bênção,
Mas sem dinheiro levar?

Hiran respondeu: – Meu pai,
De nada posso lucrar
Do dinheiro, se a bênção
De me pai eu não levar.
O rei o abençoou
E o deixou viajar.

No outro dia bem cedo,
O moço seguiu viagem,
Com algumas provisões
Na reduzida bagagem,
Levando no coração
Fé, esperança e coragem.

Em sua andança saiu
Nas terras doutro reinado,
Em um deserto medonho
Da humanidade afastado,
Quando avistou uma velha
Levando um feixe pesado.

O rapaz disse: – *Vozinha*,
Como chama este lugar,
Onde uma nuvem no céu
Não se consegue avistar?
– É o Reino da Escassez –
Ouviu a velha falar.

O jovem prestou-lhe ajuda,
Levando o feixe de lenha.
Mostrou-lhe a velha uma casa
Solitária na tal brenha.
Disse: – Aquela é minha casa;
Se quiser pernoitar, venha.

O manto escuro da noite
Começou a os envolver,
Quando a velha disse: – Moço,
Nada tenho pra comer.
Hiran disse: – Tenho algo
Que até pode nos valer.

E tirou do seu bornal
Um pouco de queijo e pão,
Que naquela noite foi
A pomposa refeição,
Porque a velhinha estava
Testando o seu coração.

No outro dia, Hiran,
Bem cedo se levantou.
Quando já ia partindo,
A boa velha o chamou,
Com três laranjas maduras,
Que ao rapaz entregou.

Disse: – Leva estas laranjas
Pagando a tua bondade,
Mas só as parta no caso
De grande necessidade,
Num local que tenha vinho
Ou água em quantidade.

O rapaz agradeceu
E se botou a caminho
De um lugar onde houvesse
Muita água ou muito vinho,
Mas só topava em sua frente
Areia, pedra e espinho!

A pouca água da bilha,
O moço logo secou-a,
Quando já se apavorava,
Avistou uma lagoa,
Que, se não era tão grande,
Tinha água pura e boa.

Depois de matar a sede,
O rapaz se recordou
Das laranjas da velhinha;
No bornal uma pegou,
Quando a partiu, uma moça
Linda de dentro saltou.

Disse a moça: – Tenho sede...
E se abaixou, ofegante.
Toda a água da lagoa
Ela bebeu num instante!
O rapaz, ao ver aquilo,
Preocupou-se bastante.

Ela falou: – Quero mais...
O rapaz disse: – Acabou...
Ela disse: – Então eu morro!...
No mesmo instante tombou.
Já caiu no chão sem vida –
Hiran logo se assustou.

E seguiu o seu percurso,
Tomado pela tristeza,
Pois aquela moça era
Um esplendor de beleza;
Ao depois de muito andar,
Viu uma enorme represa.

Partiu a outra laranja,
Uma moça saltou dela.
Em relação à primeira,
Esta era ainda mais bela!
Foi dizendo: – Quero água...
Hiran mostrou a água a ela.

Morta de sede, a donzela
Bebeu a represa inteira.
Pediu mais, e o rapaz
Respondeu de igual maneira.
A moça caiu pra trás
E morreu como a primeira.

Hiran, ainda mais triste,
Resolveu seguir em frente,
Garantindo que agora
Tudo ia ser diferente,
Quando avistou um armazém
E um rio d'água corrente.

Hiran foi ao armazém,
Empenhou o seu anel,
E trouxe um barril de vinho,
Cumprindo seu bom papel,
Torcendo para o Destino
Desta vez não ser cruel.

Pegou a última laranja,
Com uma faca a partiu;
De dentro uma linda moça
Rapidamente surgiu –
Outra igualmente bela
O moço Hiran nunca viu.

Ela disse: – Eu quero água!...
Ele apontou o ribeiro.
A moça, com muita sede,
Foi se inclinando ligeiro;
Só num segundo bebeu
O que eu bebo o ano inteiro!

Bebeu muito, mas o rio
Não baixou um dedo sequer.
Hiran mostrou-lhe o vinho;
Disse: – Beba o que quiser.
Ela bebeu muito pouco,
Pois não tinha mais mister.

Quebrado o encanto, Hiran
Encarou bem a princesa
E ficou paralisado
Perante tanta beleza.
Pediu-a em casamento,
Ela aceitou, com franqueza.

Hiran disse: – Minha bela,
Eu vou agora buscar
No meu reino um belo carro,
Mas garanto retornar –
Suba naquele arvoredo;
Só desça quando eu voltar.

A moça logo subiu
Num arvoredo copado
E lá ficou escondida,
Esperando o seu amado,
Porém quando olhou pro rio,
Deu-se um fato inusitado.

Avistou uma Moura Torta
Uma moringa trazendo.
Quando a dita se abaixou
Pra pegar água, foi vendo
Da bela moça o reflexo;
Então exclamou dizendo:

– Ô mana, que desaforo
Eu ser tão bonita assim
E ter que carregar água!
Isto aqui não é pra mim...
Arrebentou a moringa,
Achando aquilo ruim.

A princesa, em cima d'árvore,
Lutou pra conter o riso,
Quando viu aquele traste
Sem um pingo de juízo,
Porém lembrou-se de Hiran
E também do seu aviso.

Depois viu a Moura Torta
Correndo, dando pinote,
Parecendo a caninana
Na hora de dar o bote,
Indo à casa da mãe dela
E voltando com um pote.

No rio tornou a ver
Bela imagem refletida;
Repetiu a mesma fala,
Quebrou o pote em seguida
E depois voltou pra casa,
Transtornada, enlouquecida.

Aí trouxe uma cabaça,
Mas fez a mesma besteira:
Ao ver da moça o reflexo,
Quebrou-a numa pedreira.
Foi em casa e retornou
Já trazendo uma peneira.

E encheu-a várias vezes,
Mas não adiantou nada.
A moça, em cima da árvore,
Vendo tanta palhaçada,
Não pôde mais se conter:
Soltou uma gargalhada.

Quando a Moura Torta a viu,
Mesmo tendo um único olho,
Lhe disse: – É você, meu bem?
Desça já deste trambolho;
Venha, deite no meu colo,
Pra eu catar um piolho.

A bruta tanto insistiu
Até que a tonta desceu;
Deitou no colo da bruxa,
Narrando o que aconteceu.
Porém, estando cansada,
Num instante adormeceu.

A Moura Torta matreira
Na hora se aproveitou:
Um alfinete envenenado,
Na cabeça lhe fincou;
A moça virou uma pomba
E pra bem longe voou.

Então, a tal Moura Torta
Ocupou o lugar dela
E subiu na mesma árvore
Em que estava a donzela.
Quando o príncipe voltou,
Caiu em grande esparrela.

O moço havia trazido
Consigo rica embaixada,
Pois dissera no reinado
Só maravilhas da amada.
Chegando, viram na árvore
A Moura Torta trepada.

Os cortesãos, vendo aquilo,
Perguntaram: – É a princesa,
Bonita como os amores,
De que falou Vossa Alteza?
Mudamos os nossos nomes,
Se aquela tiver beleza!

– Você é mesmo a princesa? –
O pobre Hiran perguntou.
Ela disse: – Sou eu mesma.
Por que você demorou?
O sol queimou minha pele;
Quase me estorricou!

– Que houve com tua vista,
Por que uma está vazada?
Ela disse: – Eu a perdi
Em uma galha afiada,
Ao tentar me defender
Da maldita mosquitada.

Hiran não pôde voltar
No que havia acordado,
Pegou aquele lacrau,
Conduziu ao seu reinado;
E em pouco tempo estava
Com a Moura Torta casado.

Seu pai havia morrido,
Ele era o soberano
E a Moura Torta a rainha,
Por conta do tal engano...
Porém as coisas mudaram
No decorrer de um ano.

Neste tempo apareceu
Ao hortaleiro real
Uma belíssima pomba
Duma alvura sem igual.
Parecia até um anjo
Do Reino Celestial!

Ao ver o servo real,
A linda ave lhe exorta:
– Hortaleiro, hortaleiro,
Hortaleiro desta horta,
Como é que vai o rei
Vivendo com a Moura Torta?

Mesmo surpreso, o homem
À ave foi respondendo:
– O nosso bom soberano
Segue comendo e bebendo.
Disse ela: – Triste de mim,
Que só vivo padecendo!

Dizendo isto, voou
Sumindo no infinito,
Enquanto o pobre hortaleiro
Foi até o rei, aflito,
E contou ao pé da letra
O que a pomba tinha dito.

O rei ficou curioso,
Então mandou fabricar,
Com belos fios de cabelo,
Um laço para pegar
A linda pombinha branca
Que na horta vinha pousar.

No outro dia, a pombinha
No mesmo lugar pousou.
Como o rei ia vivendo
Com a esposa, perguntou.
O hortaleiro respondeu;
Depois, o laço mostrou:

– Rei senhor mandou você
Pôr aqui o seu pezinho.
Ela falou: – O meu pé
Nunca vai neste lacinho.
E voou pra muito longe,
Deixando o homem sozinho.

Ele então contou ao rei
O que tinha se passado.
O rei mandou um ourives
Confeccionar, vexado,
Um belo laço de ouro
Do mais puro do reinado.

Depois, deu ao hortaleiro
Aquela bonita peça,
Mas a pombinha, ao chegar,
Não quis saber de conversa.
Disse: – Por laço de ouro
O meu pé não interessa.

O monarca, quando soube,
Ordenou no mesmo instante
Que o ourives lhe fizesse
Um laço de diamante
E entregou ao criado
Aquela peça importante.

No outro dia bem cedo,
A mesma pomba chegou
E como das outras vezes
Sobre o rei interrogou;
O hortaleiro respondeu-lhe,
Depois o laço mostrou.

E disse: – O rei meu senhor
Ordenou que neste instante
Você ponha o seu pezinho
No lacinho de diamante.
Disse ela: – O meu pezinho
Vai num laço de brilhante.

Quando ela pôs o pezinho,
O hortaleiro a prendeu.
O rei estava na rede,
O presente recebeu,
Porém a tal Moura Torta
Vendo a pomba, esmoreceu.

E disse para o esposo:
– Eu acho que estou com pejo,
Então, mate logo a pomba,
Porque estou com desejo...
E olhava para a pomba
Como o rato olha pro queijo.

Porém o rei, entretido,
Nem atenção lhe prestou;
De repente, na cabeça
Da pombinha ele encontrou
Um carocinho esquisito –
Ele o caroço puxou.

Era aquilo o alfinete
Que a bruxa tinha fincado.
A pomba, na mesma hora,
Voltou ao antigo estado,
E o quengo da Moura Torta
Na hora foi revelado.

A moça narrou ao rei
A traição da megera.
Hiran chamou os soldados
E disse: – Levem a fera
Aos portões do nosso reino,
Pois o exílio a espera!

Para um reino bem distante
Foi a bruxa escorraçada;
Não pôde mais fazer mal,
Nem armar qualquer cilada.
Por ter feito tanto mal,
A Moura foi desterrada.

Hiran e a bela princesa
Agora foram viver
Unidos pelo Destino,
Reunidos num só ser,
Expulsando a traição,
Livrando-se da ilusão,
Iluminando a missão,
Ostentando o seu poder.

Os três conselhos sagrados

Em 2005, enfronhei-me pelo sertão da Bahia com o fito de recolher e anotar manifestações da oralidade, em especial o conto popular. Tive a sorte de conhecer, na cidade de Brumado, D. Maria Rosa Fróes, grande contadora de histórias. Foi a partir da versão narrada por ela que criei o presente romance. A atmosfera mística é minha maior contribuição ao enredo original. Ambientei a história em Bom Jesus dos Meira (antigo nome de Brumado), em homenagem à narradora. A primeira edição saiu com o selo da Fundação Cultural do Estado da Bahia (Funceb), que, até 2006, realizava um concurso de cordel de âmbito nacional. *Os três conselhos sagrados,* inscrito no concurso, ficou em segundo lugar. A edição seguinte, com capa do poeta Arievaldo Viana, foi publicada pela Luzeiro.

Os três conselhos sagrados

No teatro da existência
Os dramas são encenados
E nós somos os autores
Dos palcos mais variados,
Como na pungente história
Dos Três Conselhos Sagrados.

Descreverei neste enredo
O drama de um retirante
Que deixou sua família
Devido à seca incessante,
Indo procurar recurso
Em uma terra distante.

Esta história aconteceu
Num tempo bem recuado,
Quando o Nordeste se achou
Pela seca maltratado,
O que forçou as pessoas
A migrar para outro estado.

Foi em Bom Jesus dos Meira,
No interior da Bahia,
Que o senhor Sebastião
Com sua esposa vivia –
A sua sobrevivência
Ele na roça colhia.

Mas aquele foi um ano
De um verão escabroso,
O Norte foi atingido
Por um calor horroroso,
E a Morte correu a terra,
Num furor impiedoso.

Justamente nesse ano
De sofrimento e agonia,
Naquela pobre choupana
Um inocente nascia,
O primeiro do casal
Sebastião e Maria.

Eles, casados de pouco,
Vendo o amor coroado,
Ficaram muito felizes
Pelo filho ter chegado,
Mas Tião falou: – Agora
Devo trabalhar dobrado.

Nesse ano plantou milho,
Mandioca, andu, feijão,
Plantou arroz na baixada,
Esperando a produção,
Mas o Céu não mandou chuva –
Perdeu toda plantação.

Do pouco gado que tinha
Não ficou viva uma rês,
Os bodes, qu'eram mais fortes,
Foram até o fim do mês,
Bastião, desesperado,
Quase perde a lucidez.

Tendo perdido a lavoura
E morrido a criação,
Ele chamou a mulher
E lhe disse: – Coração,
Vou-me embora pra São Paulo
Procurar colocação.

A mulher, toda chorosa,
Disse: – Meu bem, inda é cedo.
Você indo pra São Paulo,
Irá viver no degredo.
Lembre que nem levamos
À pia o nosso Alfredo.

Ele disse: – Minha prenda,
Nossa vida é uma estrada,
E o Destino nos obriga
A fazer a caminhada –
No final, a recompensa
Aos que lutam é ofertada.

Mesmo aquele que não luta
Nunca arranjará recurso,
Pois nós somos andarilhos
De um incerto percurso,
E o rio chamado Vida
Nunca interrompe seu curso.

A mulher inda lhe disse:
– Mas e se algum empecilho
Surgir nesta caminhada,
Obstruindo seu trilho,
Me deixando em viuvez
E na orfandade seu filho?

Porém nada o demoveu
E o homem se preparou,
Com uns trapos numa trouxa
No outro dia viajou.
Com o coração partido,
Sequer para trás olhou.

Fez todo percurso a pé,
Parando pra descansar,
Por caminhos tortuosos,
Recomeçava a andar,
Consumindo muito tempo
Para ao destino chegar.

Deixou à mulher e ao filho
Todas as economias,
Pra arranjar o que comer
Trabalhava uns cinco dias,
E depois seguia em frente
Nas horrendas travessias.

Servia-lhe de coberta
O céu noturno, estrelado.
A relva era a sua cama
No medonho descampado,
Onde a fogueira mantinha
O canguçu afastado.

Nesse tempo as matas eram
Repletas de canguçus,
E o pobre só escapava
Por confiar em Jesus,
Pois nas noites tenebrosas
A fé servia de luz.

Na terrível travessia
Quase Bastião se acaba,
Mas com denodo venceu
A adversidade braba,
Pra depois de muito tempo
Chegar a Piracicaba.

Chegando àquela cidade,
Sebastião avistou
Um homem todo de branco,
Foi até ele e falou
Quem era e o que pretendia –
O homem então apontou:

– Se o amigo realmente
Tiver muita precisão,
Na Fazenda Paraíso
Achará colocação –
Para chegar ao local,
Vá naquela direção.

O peão que lá trabalha
Recebe um bom ordenado,
Mas o amigo, que é de fora,
Desde já, fique avisado:
Nosso patrão não aceita
Em nada ser contestado.

Ele então se dirigiu
Pra Fazenda Paraíso,
Porque de fome e de sede
Quase perdia o juízo.
Disse ao dono que faria
Tudo que fosse preciso.

O grande senhor dali
Chamava-se Gabriel.
Quando viu daquele pobre
O destino tão cruel,
Disse: – Tu vais trabalhar
Zelando do meu vergel.

Porém peço-te um favor:
Aqui tu vais trabalhar,
Terás comida e salário
Para aos teus auxiliar,
Mas, enquanto aqui ficares,
Jamais deves reclamar.

Presta atenção: se algum dia
Faltares com teu contrato,
O Destino para ti
Será um carrasco ingrato,
E o preço que pagarás
Não será nada barato!

Sebastião disse: – Aqui
Eu serei seu serviçal.
Neste pomar eu farei
Todo serviço braçal,
Laborando mesmo antes
Do crepúsculo matinal.

E deste modo fazia:
Antes de o sol despontar,
Sebastião, bem disposto
Já se achava no pomar –
Trabalhando feito um mouro,
Só parava pra almoçar.

Porém da sua família
Ele não tinha olvidado,
E todo mês remetia
Pra mulher seu ordenado.
Não lhe sobrava um tostão,
Mandava todo o apurado.

Dez anos ininterruptos
Ele enviou pra Maria
O fruto do seu suor,
Porém veio o triste dia
Que Sebastião na lida
Não recebeu mais quantia.

Os meses iam passando
Mas... nada de pagamento,
E somente de trabalho
Ele recebia aumento,
Mourejando todo dia –
Era grande o sofrimento.

Quis mandar o tal contrato
Ao "diabo que o carregue".
Pensava: "Eu vou me acabar,
Trabalhando feito um jegue,
Mas minha palavra impede
Que a promessa eu renegue".

Porém, depois se lembrava
Do que o patrão tinha dito,
E a palavra do homem sério
Vale mais do que o escrito;
Continuando, assim,
O seu tormento infinito.

O trabalho começava
No despontar das manhãs,
Os dias passavam lentos
Naquelas tarefas vãs,
E a cabeça do coitado
Já se cobria de cãs.

Vinte anos se passaram
Naquele sofrer tirano,
E o seu senhor Gabriel,
Que nada tinha de humano,
Foi ver o seu agregado
Assim que findou o ano.

Quem olhasse para o pobre,
Sentiria comoção,
Pois, no vigor da idade,
Lá chegou Sebastião.
Agora em ânimo e idade
Era quase um ancião.

A sua cabeça estava
Por branca neve tomada,
E a expressão do seu rosto
Ontem nobre, hoje cansada –
Das duas mãos não sabia
Qual era a mais calejada.

O patrão disse: – Tião,
É teu dia derradeiro
Na fazenda Paraíso.
Portanto, trago o dinheiro,
Mas se tu o receberes,
Não passarás de janeiro!

O velho ficou atônito,
Sem saber o que fizesse.
Então, silenciosamente,
Ergueu ao Céu uma prece,
Pois não entendia o mal
Que havia em tal benesse.

Gabriel disse: – Tião,
A consciência é o espelho
Que na seara da vida
Ao homem serve de relho.
Portanto, dou-te a escolha:
Queres dinheiro ou conselho?

O velho disse: – Senhor,
Eu sinto algo me falando
Que se aceitar o dinheiro,
O meu fim será nefando,
Pois quem recusa conselho
Já está se degradando.

Mas olhando de outro jeito:
Quando abandonei o Norte,
Deixei meus entes queridos
Sofrendo o assédio da Morte –
Se não lhes levar recurso,
Temo pela sua sorte!

E, após uns quinze minutos
De muita reflexão,
Surgiu um brilho nos olhos
Do velho Sebastião,
Que disse: – Dê-me os conselhos,
Que o mais para mim é vão.

Gabriel então lhe disse:
– Por teus anos de trabalho,
Receberás três conselhos
Pra não teres *atrapalho*.
O primeiro é: "Nunca deixes
A estrada pelo atalho".

Presta atenção ao segundo
Porque será dura prova:
"Chegando em casa de velho
Casado com mulher nova,
Não durmas lá ou então
Estarás com um pé na cova".

Por fim, escute o terceiro,
Não banques o imprudente,
"Quando olhares uma coisa,
Tenta controlar a mente.
Pra não fazeres loucura,
Olha tudo novamente".

E, para finalizar,
Meu caro Sebastião,
Para saudar o meu débito
Eu te darei este pão,
Mas só o partas em casa,
Estando faminto ou não.

O velho pegou o pão,
Nuns trapos o escondeu,
Despediu-se do patrão,
Que muito lhe agradeceu.
E botou o pé na estrada
Quando o dia amanheceu.

Com dois dias de viagem,
Dois homens se aproximaram
E o destino de Tião
Nesse instante perguntaram;
Quando a resposta ouviram,
Outro caminho ensinaram.

Disse um deles: – Nós estamos
Indo pra o mesmo lugar.
Há um atalho aqui perto,
Por ele vamos passar.
Se o senhor quiser ir junto,
Basta nos acompanhar.

Sebastião fez menção
De ir, porém se lembrou
Daquilo que o seu patrão
Primeiro recomendou.
Pediu desculpas aos homens
Mas não os acompanhou.

Um dos homens resmungou:
"– Mas que sujeito paspalho!
Ia poupar cinco dias
Retornando pelo atalho,
Economizando tudo:
Tempo, sapato e trabalho!"

Mas, passados três minutos,
Tião ouve um estampido
E depois outro disparo
Por onde os dois tinham ido –
No atalho eles foram vítimas
Da tocaia de um bandido.

O velho ali percebeu
Que o conselho fora certo,
Pois se escolhesse o atalho
Morreria no deserto.
Viu que o longe às vezes é
Mais vantajoso que o perto.

À noite, muito cansado,
Ele saiu numa herdade;
Resolveu bater à porta,
Pedir hospitalidade –
Atendeu-lhe uma mocinha
De uns vinte anos de idade.

Ele disse: – Senhorita,
Eu ficarei muito ancho
Se por esta noite apenas
A moça me der arrancho.
Ela disse: – Pode entrar,
Mas não repare o meu rancho.

Quando ele entrou, avistou,
Numa cadeira sentado,
Um velho que já estava
Pelos janeiros curvado.
Ao vê-lo, Sebastião
Ficou da cor de um finado.

A moça lhe apresentou
O velho como marido.
Sebastião se lembrou
Do conselho recebido,
Quando o velho perguntou
Se ele estava servido.

Sebastião disse: – Não...
Só queria aqui um pouso.
Ele não quis demonstrar,
Mas estava temeroso,
Ao saber que da mocinha
O velhote era o esposo.

A moça mostrou-lhe um quarto
Que guardava cereais.
Sebastião foi pra lá,
Impressionado demais;
Mas não conseguiu dormir,
Pois só dorme quem tem paz.

Ele então se levantou,
Dali saiu em segredo,
Pois o segundo conselho
Fê-lo sentir muito medo.
Disse pra si: "Quem espera
Por tempo ruim é lajedo!"

Pra não se ver encrencado,
Sebastião foi esperto
E, sob um carro de boi
Por uma lona coberto,
Foi deitar, mas com um olho
Fechado e o outro aberto.

Por volta da meia-noite,
Viu ele um padre chegar
E a dona, já acordada,
Com o dito a combinar
Que ia chamar o marido
Para o vigário o matar.

Ela disse: – Por fortuna,
Em casa está hospedado
Um andarilho que vai
Do crime ser acusado.
Portanto, liquide o velho,
Que já achei um culpado.

Sebastião, que ouviu
Os planos dessa assassina,
Com sutileza pegou
Uma tesoura grã-fina
E cortou do tal vigário
Um pedaço da batina.

O carro de boi ficava
Debaixo de um juazeiro –
As duas feras, forjando
O seu plano traiçoeiro,
Não notaram Bastião,
Que agiu muito ligeiro.

Então, chamando o velhinho,
A falsa gritou: – Raimundo,
Vem logo rachar a lenha,
Preguiçoso, vagabundo!
O coitado levantou-se
Pra despedir-se do mundo.

Por causa da gritaria,
Levantou bem amuado,
Foi onde estavam os toros,
Já segurando o machado,
No mesmo instante em que era
Pelo assassino alvejado.

A amante, com uma vela,
Indicava a direção
Ao padre, que fez a mira
Com possante mosquetão,
Atingindo o pobre velho
Em cima do coração.

O velho caiu de bruços,
Nem soube o que o atingiu.
O padre na mesma noite
Com a falsária dormiu,
Porém, Deus, que nunca dorme,
Àquela cena assistiu.

E assim que amanheceu,
Já se espalhara a notícia,
Porque a bandida trouxe
Dois soldados da polícia
Pra prender o "criminoso"
E proceder à perícia.

Sebastião quis fugir,
Porém, pensando consigo,
Disse: "Com fé em Jesus,
Não temo nenhum perigo.
E o verdadeiro culpado
Receberá o castigo".

Ele já estava de pé.
Chegaram os policiais
Já gritando: – Esteja preso,
Espírito de Satanás!
E algemaram o coitado
Com as duas mãos pra trás.

Disse um dos policiais:
– Cretino endemoninhado,
O povo todo já sabe
Do seu crime desgraçado,
E nem Deus da glória o livra
De morrer hoje enforcado!

Sebastião perguntou:
– Não haverá julgamento?
O mesmo soldado disse:
– Velho patife! Nojento!
O povo já o julgou
Por seu crime violento!

– Sendo assim – disse o precito –
Nesta vida eu só almejo
Que possa ser atendido
No meu último desejo.
– E que desejo é esse,
Criminoso malfazejo?!

Disse o velho: – Eu só queria
A minha alma encomendar
Para que assim o Bom Deus
Possa o crime perdoar.
Portanto, tragam-me o padre,
Para me ouvir confessar.

Um dos soldados falou:
– Eu vou atrás do vigário.
E disse pra o companheiro:
– Vigie este salafrário,
Pois a sua cara esconde
Um bandido temerário.

O soldado dirigiu-se
À casa paroquial;
O padre estava fazendo
A refeição matinal,
Sem sentir qualquer remorso
Pelo crime tão brutal.

O soldado deu *bom-dia*,
O vigário respondeu,
E, após o outro explicar
O caso como se deu,
O padre, que estava calmo,
De repente esmoreceu.

Mas depois pensou consigo:
"O matuto não tem prova
De que eu sou o criminoso,
E, como a lei o reprova,
Antes de dar meio-dia
Repousará numa cova".

Enquanto o monstro pensava
Em apressar o castigo
Do pobre Sebastião,
Este pensava consigo:
"Ou eu me afundo de vez
Ou me livro do perigo!".

Com pouco, chegou o padre
Dizendo: – Maldito réu,
Confesse logo o seu crime,
Desonrador vil, incréu!
Talvez receba o perdão
Do Bom Deus, que está no céu.

Por que motivo matou
Aquele pobre ancião,
Que lhe abriu a sua casa,
Sem esperar a traição?
E você, a sangue frio,
Matou seu anfitrião!

Sebastião respondeu:
– Eu não matei o esposo
Desta mulher impudica,
Nem sou o facinoroso
Que passou com ela a noite
Em ato libidinoso!

Naquela insinuação,
O padre viu-se perdido
E disse aos policiais:
– Enforquem logo o bandido!
A mulher também gritou:
– Matem logo este enxerido!

Mas Sebastião falou:
– Sei que estou em embaraço,
Contudo, padre, responda
Esta pergunta que faço:
Por que da sua batina
Está faltando um pedaço?

O assassino ainda
Sequer tinha pressentido
Que faltava na batina
Um pedaço do tecido.
Aquela situação
Deixou-o bem constrangido.

Disse: — Rasguei a batina
Ao passar pela porteira,
Então, Sebastião disse:
— Parece até brincadeira,
Mas o pedaço que falta
Está na minha algibeira!

E se eu não sou a porteira,
Como aqui veio parar?
Peço que venha um soldado
O meu bolso revistar,
Pois, caso eu falte à verdade,
Podem logo me enforcar!

O soldado o revistou
E achou no bolso da frente
Um pedacinho de pano
Que serviu perfeitamente
Na batina do vigário,
Que emudeceu totalmente.

E foi o mesmo soldado
Que soltou Sebastião.
Ele disse: — Eu assisti
Quando este maganão
Junto àquela messalina
Forjaram a vil traição.

Este assassino covarde,
Asqueroso e repelente
Tramou o crime hediondo
Junto co'aquela serpente,
E, por essa ação perversa,
Eu ia pagar inocente.

O povo pediu perdão
Ao honesto viajante,
O padre, qu'estava imóvel,
Pôs a mão, no mesmo instante,
No coração e morreu
De um ataque fulminante.

A assassina correu;
Porém, foi logo detida
Pela grande multidão,
Revoltada, enfurecida.
Sebastião interveio,
Então pouparam-lhe a vida.

Mesmo assim não escapou
Das grades da detenção:
Perdeu sua juventude
Numa odiosa prisão,
Com o verme do remorso
Roendo o seu coração.

Este segundo conselho
Serviu como advertência
Para Sebastião, pois
Foi a sua consciência,
Ao não pernoitar na casa,
Que provou sua inocência.

E seguiu o seu caminho,
Sem nunca se desviar,
Os dias se sucediam
Com o velho a caminhar.
Depois da longa jornada
Em casa pôde chegar.

Lá em Bom Jesus dos Meira
Por ninguém foi conhecido,
Pois fazia trinta anos
Que dali tinha saído.
E o povo imaginava
Que já houvesse morrido.

Olhou o Rio do Antônio
E ergueu ao céu uma prece,
As águas iam levando
O bem que restabelece
As forças já combalidas
De quem de Deus não se esquece.

Tomou o rumo de casa
Com o semblante risonho.
Relembrou o sertão seco
Naquele tempo medonho.
Tudo agora estava verde –
Parecia até um sonho!

Chegando à casinha em que
Com a esposa vivia,
Viu uma bela senhora,
Reconheceu ser Maria –
Junto dela, um jovem padre
Fazendo-lhe companhia.

Com uma vistosa batina
O moço estava trajado.
O velho Sebastião,
Que já vinha calejado,
Vendo o padre em sua casa,
Ficou louco, celerado.

O padre sentou-se à mesa,
Enquanto Sebastião
Puxou a sua pistola,
Fez ponto no coração.
Quando puxava o gatilho,
Sentiu forte comoção.

Mas lembrou-se do outro padre
Covarde, pecaminoso,
E vendo a sua mulher,
De modo tão carinhoso,
Tratando aquele sujeito,
Cresceu-lhe mais o nervoso.

Ao levantar a pistola,
Veio a luz à sua mente,
E do terceiro conselho
Relembrou-se num repente:
Que, quando olhasse uma coisa,
Tornasse a olhar novamente.

Justamente nesse instante
O padre sentado à mesa
Disse: – Mãe, já terminei.
Traga logo a sobremesa.
Daquele doce de umbu
Eu gosto que é uma beleza!

Sebastião, vendo aquilo,
Quase que perdeu o tino,
Pois, por pouco, não caiu
Na cilada do Destino,
Que o faria se tornar
Do próprio filho assassino.

E, não se contendo mais,
Foi ele à porta e bateu.
O rapaz, que estava à mesa,
Levantou-se e o atendeu,
Era o seu filho Alfredo,
Que o pai não reconheceu.

– Muito boa-noite, padre! -
Disse-lhe Sebastião.
O outro disse, surpreso:
– Tenha o mesmo, cidadão!
Entre, que a casa é pequena,
Mas é grande o coração.

Disse o moço: – Minha mãe,
Venha ver um viajante.
Traga mais comida aqui
Para que conosco jante.
E convidou-o a sentar-se,
Naquele sublime instante.

Quando Maria chegou,
Bastião estremeceu.
Mas o tempo foi cruel
E ela não o conheceu –
Ele, em lágrimas banhado;
Porém, ninguém percebeu.

Maria disse: – Senhor,
Há anos que enviuvei.
Onde o meu marido foi
Sepultado, nem eu sei.
Mas, se Deus quiser, com ele
Na glória encontrarei.

O senhor, que é andarilho,
Nunca ouviu qualquer menção
Ao meu esposo querido,
De nome Sebastião,
Que há mais de trinta anos
Arribou deste sertão?

Durante dez anos ele
Enviou algum dinheiro,
Depois não mandou notícia,
E perdemos seu roteiro –
Agora o amigo imagine
O meu grande desespero.

Sebastião levantou-se
Com o olhar compungido
E disse: – Eu trago notícia
Do suposto falecido,
Quem te fala neste instante
É Bastião, teu marido!

Oh! momentos venturosos,
Instantes abençoados
Em que aqueles três viventes
Louvavam a Deus abraçados!
E os prantos de alegria
Assim eram misturados.

Quando matou a saudade,
O velho Sebastião
Narrou toda a sua história.
Aí se lembrou do pão
Que ainda estava enrolado
Nos trapos do matulão.

O velho disse: – Eis aqui
O meu "pomposo" ordenado
Pelo tempo em que fiquei
Ao meu patrão dedicado:
Vinte anos se resumem
Neste pão embolorado.

Pegou o pão e partiu,
Contudo, por desaforo,
Caíram sobre o assoalho
Muitas moedas de ouro!
Sebastião, sem saber,
Trazia um grande tesouro.

Ali chegavam ao fim
De vez os tempos escassos
Do infortúnio, e agora
Só sentiriam os abraços
Da Fortuna os envolvendo
Em inquebrantáveis laços.

Sebastião entendeu
Na hora o grande mistério:
O seu patrão Gabriel
Era um arauto do Etéreo,
Simbolizando a Justiça
Em seu aspecto sidéreo.

A Fazenda Paraíso
Era a terrena extensão
Do jardim primordial,
Onde o Pai da Criação
Na sua semeadura
Fez os herdeiros de Adão.

Há senda da existência
Alturas e descampados,
Unindo os que se separam,
Remindo os desventurados;
E os homens nela prosseguem
Levando fardos pesados.
Imitemos os que seguem
Os Três Conselhos Sagrados.

Galopando o cavalo Pensamento

Publicado pela editora Tupynanquim, do Ceará, em 2007, este folheto de oito páginas ostenta na capa belíssima ilustração em xilogravura de Erivaldo Ferreira. A partir do mote em decassílabo, que dá título ao livro, encetei uma viagem que me levou à Grécia dos deuses e heróis, à época da Távola Redonda e ao espaço infinito, onde "esbarrei no calor de Aldebarã". Por isso, defino-me como um vaqueiro astronauta, alguém que contempla o desenrolar da história e a tessitura das lendas, sem interferir diretamente com um ou outra. Não é um romance, longe disso, mas, como exercício poético, o *Cavalo Pensamento* possibilitou voos para seu autor, que a cada estrofe desafia, de maneira acintosa, a lógica e o bom-senso.

Galopando o cavalo Pensamento

Em viagem ao mundo da ideia,
Cruzei ares e mares tenebrosos,
Combatendo os seres pavorosos
Desta louca/sagrada epopeia.
Bem nutrido do leite de Amalteia
Eu voei com Eolo, o deus do vento,
Enfrentando Netuno, algoz cruento,
E a teia inquebrável do destino;
Com Jasão alcancei o velocino,
Galopando o cavalo Pensamento.

Vislumbrei os limites do hemisfério
Quando estava no carro de Faetonte,
Pondo fogo na linha do horizonte,
Transformando o planeta em cemitério.
Logo após decifrar esse mistério,
Descansei por apenas um momento
Pra depois mergulhar no firmamento
De gibão, de espora e de chapéu;
Dessa forma corri o sétimo céu
Galopando o cavalo Pensamento.

O dragão se estorcendo na caverna
Ante o gládio inclemente de Miguel;
Vi são Jorge empinar o seu corcel,
Derrotando a cruel Hidra de Lerna.
Pela estrada do tempo, que é eterna
Em retorno, repouso e movimento,
Vi Perseu ostentar por monumento
A cabeça da górgona Medusa,
Bebi água na fonte de Aretusa,
Galopando o cavalo Pensamento.

De repente o planeta se perfuma
No palácio dourado de Anfitrite,
Envolvido nos braços de Afrodite,
Que no mar surgiu em meio à espuma.
Palestrando com Rômulo e com Numa,
Percorrendo as ruas de Sorrento,
Vi Roldão, no seu último momento,
Empunhar a famosa Durindana,
Descansando nos seios de Diana,
Galopando o cavalo Pensamento.

Das infindas areias do Saara
Vem a voz dum milhão de peregrinos,
Caravanas, pastores, beduínos,
Os herdeiros de Abraão, Agar e Sara.
Rubro orvalho tingindo a lua clara,
Escorrendo do quinto mandamento,
Assistindo ao funesto nascimento
Das barreiras que rasgam os países,
Procissão de mil rostos infelizes,
Galopando o cavalo Pensamento.

Fui além dos confins deste planeta,
Esbarrei no calor de Aldebarã,
Vi a face da Estrela da Manhã
No vermelho da juba do cometa,
Relembrando Maria Antonieta
Com as almas que vivem no convento,
A miséria que dorme no relento,
Ante as larvas que morrem sem viver –
Espreitei o abismo do poder,
Galopando o cavalo Pensamento.

Vi os bravos guerreiros do Crescente
Espalhando ditames de Alá,
Na Ibéria e além de Bagdá,
No calor que envolve o Oriente.
Saladino é o braço mais potente,
Sem pavor e sem estremecimento,
Combatendo o inimigo violento,
Que ostenta o brasão da Santa Cruz –
Eu cerrei os meus olhos ante a luz,
Galopando o cavalo Pensamento.

Vi nas águas translúcidas de Aquário
A essência do Novo Alvorecer,
A Criança do Abismo se esconder
Sob o manto vermelho do sicário,
Que desceu da encosta do Calvário,
Com as faces tomadas de tormento,
Procurando encontrar algum alento,
Convertido no eterno viajante
Samuel Beli-Bé, judeu errante,
Galopando o cavalo Pensamento.

Ponce de León era um homem rude,
Empurrado por forças infernais,
Consumiu sua vida tão fugaz
Procurando a Fonte da Juventude,
Pra barrar a cruel decrepitude
Que não ouve gemido nem lamento,
Carcomendo o firme monumento
E trazendo consigo o eterno sono,
Quando a vida conhece o seu outono,
Galopando o cavalo Pensamento.

A Senhora dos Túmulos observa
O vaivém da tacanha mocidade,
Que despreza a virtude e a verdade
E dos vícios se mostra fiel serva.
Porém, nada no mundo se conserva:
Sendo a vida infindo movimento,
É a Morte um novo nascimento;
A inveja é o túmulo dos vivos –
O herói repudia esses cativos,
Galopando o cavalo Pensamento.

Trago oculto no arquivo da memória
O segredo do povo hotentote,
O moinho de vento do Quixote
Mais o aço da espada hiperbórea,
Com que forjo a minha trajetória
De bem pouco ou nenhum merecimento
Para um mundo inumano, violento,
Que carece há muito dos heróis.
Mesmo assim, eu levanto minha voz,
Galopando o cavalo Pensamento.

Das trombetas ecoa um novo som,
O tinido das armas me atordoa,
O rufar de tambores longe soa,
Destruindo o último Panteon.
Será esse sinal o Armagedon?
Ou apenas mais um renascimento
Desse ciclo que traz o advento
Duma aurora de brilho sem igual,
Sem início, sem meio e sem final,
Galopando o cavalo Pensamento.

Vi no cimo do monte um velho mestre
Vomitando centenas de universos,
Quando seres medonhos e perversos
Devoravam o glóbulo terrestre.
Sem sonata, sem música campestre,
Plange notas sinistro instrumento,
Abafado, monótono, agourento,
Como os gritos das almas do abismo.
Assisti ao nefasto cataclismo,
Galopando o cavalo Pensamento.

Para o Reino da Pedra eu vou-me embora,
Mas retorno assim que me chamarem,
Conclamando os bravos a lutarem
Quando Artur nos disser: chegou a hora.
E no brilho da *Noveterna* Aurora
Expulsar toda dor e sofrimento,
Inundando de luz o firmamento,
Derrubando barreiras invisíveis,
Desbravando fronteiras impossíveis,
Galopando o cavalo Pensamento.

Vi as sombras das feras ancestrais,
Nas cavernas noturnas do meu ego.
Vi um cego guiando outro cego
Para o abismo das hordas infernais.
Vi o fogo lambendo os matagais,
E o sol se apagar no firmamento.
Não vi nada depois desse momento.
Despertei e olhei pela janela,
Vi a musa, e fui embora com ela,
Galopando o cavalo Pensamento.

Marco Haurélio, nascido em 1974 em Riacho de Santana, sertão baiano, é um dos nomes de maior destaque na literatura de cordel na atualidade. Poeta cordelista, professor, editor e pesquisador do folclore brasileiro, Marco Haurélio é autor de uma obra cuja qualidade é uma prova irrepreensível da força da produção desse gênero da poesia popular. Com uma atividade educacional intensa que acompanha a qualidade de sua escrita, Marco Haurélio viaja o país ministrando oficinas sobre a literatura de cordel e sobre o folclore brasileiro. É um dos fundadores da Caravana do Cordel, presença marcante no cenário da cultura paulista. Em folhetos, dentre outros títulos, publicou *História de Belisfronte, o filho do pescador*, *O herói da Montanha Negra*, *Presepadas de Chicó e astúcias de João Grilo* e *As três folhas da serpente*. Escreveu vários livros infantis e juvenis, dentre eles *O príncipe que via defeito em tudo*, *A lenda do Saci-Pererê em cordel* e *As babuchas de Abu Kasem*. Adaptou para o cordel a famosa peça de William Shakespeare *A megera domada*. Também é autor de *Contos folclóricos brasileiros* e de *Breve história da literatura de cordel*.

Luciano Tasso nasceu em 1974 em Ribeirão Preto, interior paulista. Formou-se em Comunicação Social pela Escola de Comunicações e Artes da USP e trabalhou durante nove anos como diretor de arte em agências de publicidade em São Paulo e no exterior. Desde 2007 atua como ilustrador editorial para livros e revistas, e na produção de filmes e séries animadas. Em 2008, foi o vencedor do Salão Internacional de Desenho para a Imprensa de Porto Alegre na categoria ilustração editorial. Para a Global Editora, Luciano ilustrou *Histórias do país dos avessos*, de Edson Gabriel Garcia.